ことばのまなび

やってみたい・学びたい・成長したい
子どもたちを学びの主人公にする学習活動

福岡特別支援教育研究会●著作

ジアース教育新社

本書の活用のために

本書は一語文や二語文での音声表現が見られるようになった子どもたちが、文字に慣れ親しみ、簡単な単語の読み書きができるようになることを目指したものです。

■取りあげる学習内容

本書では、学習内容として子どもたちにとって最も身近なからだ部位の名称から生活の中で親しんでいる語いを取りあげ、一音節の単語から長音節の単語へと発展的に広がり深まっていくように構成しています。また濁音、半濁音、促音、拗音、拗長音、長音のある単語も段階的に取りあげています。具体的な内容はものの名称の『音声表現』『読み』『書き』です。

■細かくステップ化した学習内容

子どもたちの発達の様相は多様です。したがって、一人一人の発達内差にそった指導が必要です。本書では基本的な指導の流れを示すとともに学習内容を細かくステップ化し、内差をふまえた子どもの学びにそって自ら習得できるように指導の工夫について示しています。

具体的には、聞くこと、話すこと、読むこと、書くことから学習内容を取りあげ、単語の段階、文の段階、文章の段階を設定して学習内容を配列しています。単語の段階は、ものの理解や発語を促すための聞き分け、表現、読むこと、書くことの領域で内容を設定し、文・文章の段階は、書いてあるとおりに読み書きができ、それを他に話し伝えることができるように、読むこと、書くこと（伝えること）の領域で内容を設定しています。

■文字の読み書きを習得するための学習過程

文字の読み書きに慣れ親しむためには、ものの受け入れや聞き分け、発語ができることが必要不可欠なことです。文字に出会って読み書きをし始める段階は、語い習得期にあるので、ものの受け入れや聞き分け、発語を繰り返しながら文字の読み書きに慣れ親しんでいくように学習過程を組み立てています。

また、読むことはできても書くことが困難であるとか、書くことはできやすいが読むことが困難であるとか、発達の内差にそうことができるような工夫の仕方も示しています。

■具体的な学習内容の提示のための子どもの実態把握

子どもたちは学習内容が最近接の内容であると、自らの力で学習内容を習得していくことができます。子どものことばの習得の状況を確かにとらえ、最近接の学習内容を提示することが大切です。子どもの実態をとらえるための実態把握の仕方と学習内容表を示しました。

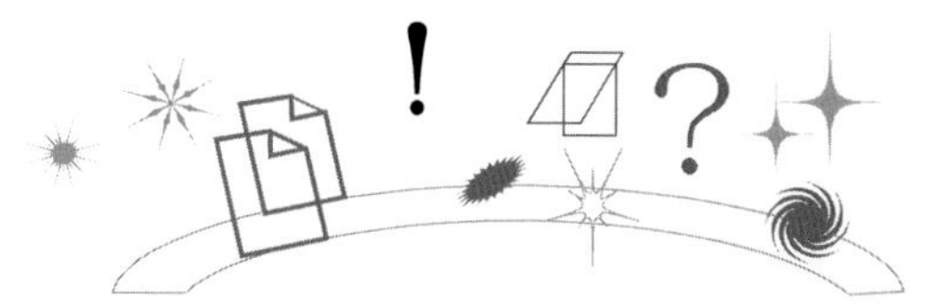

■学習内容の個別化に対応する「指導事例」

ことば指導の学習形態として個別指導と全体指導とがあります。本書では「ことばファイルをつくろう」という単元を設定し、子どもの発達内差に対応した個別指導の事例を示しました。

■教材集について

具体的な指導のための教材をまとめました。身体的部位の名称から生活の中で日頃親しんでいる19の語いを取りあげ、それぞれの教材は①場面絵、②絵カード、③音節カード、④文字カード、⑤単語カード、⑥名称を書くワークシートから構成されています。

目　次
Contents

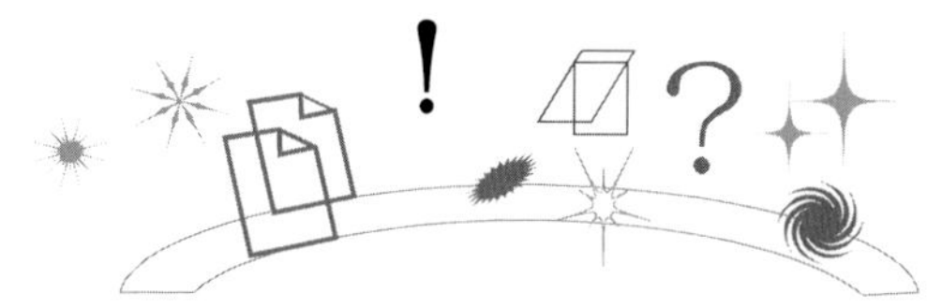

第 1 章

第1章　1．子ども一人一人を学びの主人公に

子どもたちは学習活動が面白く楽しいものだと感じ、自分なりにその活動について達成感なり満足感をもてれば、次の学習活動への期待感をもつことができる。次の学習に意欲をもつということは自ら学ぼうとする姿であり、また自己の実現に向かって活動していこうとする姿でもある。

何かやってみたい、学びたい、成長したいという思いや願いは子どもたち一人一人がもっており、だれしもが将来今よりすばらしい自分に出会いたいと思っている。そういう自己の実現に向かうエネルギーは無限であり、実現の可能性も無限である。その実現に向かって最大限に力を発揮している姿には輝きがある。そしてその活動の過程で得られる感動や充足感が生きていることそのものである。

本書は子どもたち一人一人が豊かな人生を生きるための学びの主人公にという願いから著したものである。

学びの主人公としての子どもの姿

学びの主人公が子どもであるということは、子どもが自ら学習内容を習得し、自ら学びを高めていくことである。学びへの期待をもち、自ら活動に向かい、学んだことを実感していく子どもの姿は、活動内容において次のようなものと考える。

- 学びの目的をもっている。
- 学びの筋道（課題解決を組織する）を見通している
- 学習対象に価値や意味を感じて、活動している。
- 活動に達成感や成就感を実感している
- 活動を振り返り、学んだことを実感している
- 学んだことを伝えたり生かしたりしている。

子どもを学びの主人公にする学習活動

子どもを学びの主人公にしていくために、学習活動では、主体的に学ぶように能動性を高めること、学習対象へこだわりをもたせる学びへの切実感、自ら課題を解決する学び方を高めることを大切にしていく。そのため子ども一人一人の学習活動に次の活動を取り入れる。

＜主体的に学ぶように能動性を高める＞

- 学習にめあてをもつ活動。
- 子ども自らが選択したり進めたりする自己決定の活動。
- 自分の学習を見つめ、自分の学習を高める自己評価の活動。
- 活動したことや体験したことをまとめ、ものごとを認識していくための自己表現の活動。

＜学習対象へこだわりをもたせ、学びへの期待感や切実感を高める＞

- 興味関心を抱き、思いや願い、関わりをもてる学習対象にする。
- 問題を把握する明確な課題を提示する。

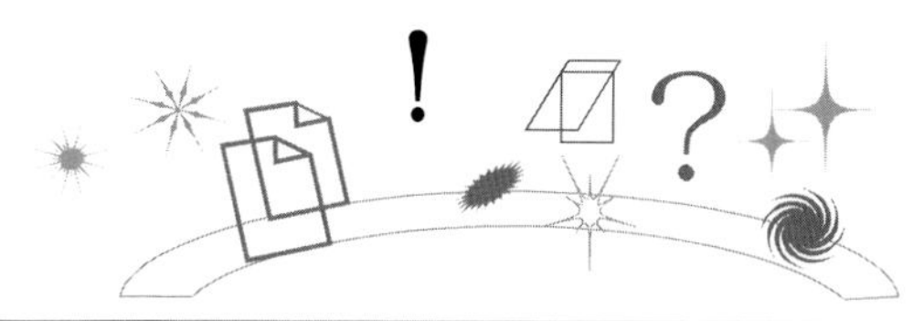

- 学習対象に意味や価値を発見できる活動を設定する。
- 自分なりの見方、考え方を発見できる学習過程に組織する。
- そのものの本質に触れる活動を設定する。

＜自ら課題解決できる学び方を高める＞

- 問題解決の企画力を高めるために課題解決を学習過程に組織する。
- 思いや願い、体験、追究活動をまとめ、学びを確かにする表現の企画構成を学習過程に組織する。
  - ・表現対象を明確にする。
  - ・表現に切実感を抱かせ、表現内容をふくらまさせる。
  - ・表現方法を多様に体験させる。
  - ・表現の仕方（記述等）を具体的に示す。

学習過程における学びの姿

学びの主人公である子どもたちの学習過程を次のように仮説する。

＜学習対象に出会って、学習のめあてをつかみ、活動を概括する段階＞

- 「これをするんだ」という学習のめあてや目的をもつ。
- 「やってみたい」という活動へのおもしろさや楽しさを抱く。
- 「できそうだ」という活動への期待をもつ。
- 学習対象への思いや願いを抱く。
- めあてや解決の筋道、対象への思いや願いを表現する。

＜課題を追究し、解決していく段階＞

- ものごとの本質に触れる。
- 見方、考え方を発見する。
- 新しいことを発見する。
- 「分かった」「おもしろい」と活動を実感する。
- 「次はこれをしよう」「これもしてみたい」「もっとできそうだ」と次々に取り組む。
- 「これが分かったことだ」と、自由に表現していく。
- 見方・考え方を表現する。
- いろいろなやり方を駆使して課題を追究する。
- 多様な表現をする。

＜学びを振り返る段階＞

- 見直し、ずれを修正する。
- 取り組んだことに満足する。
- 学んだよさを実感する。
- 学んだことを他に生かす。

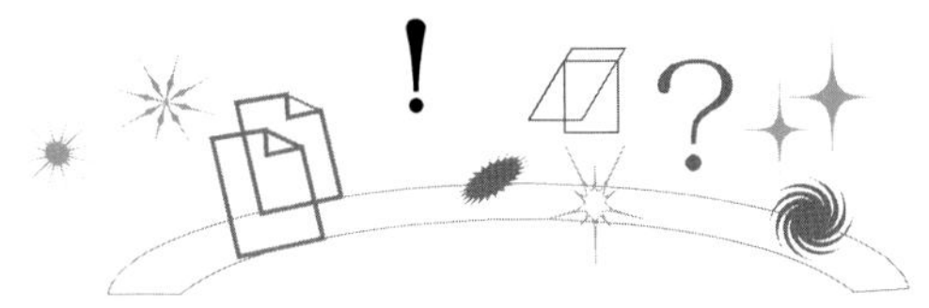

子ども一人一人の学びへの支援の最適化

子ども一人一人の学びの姿は様々である。子どもたちは学習内容の習得の状況もそのスピードも追究の傾向も異なる。子ども一人一人の学びを実現するためには子どもにそった支援が必要である。

個への支援の最適化を図るために、最近接領域の内容を設定し、子どもが自ら活動を行うように教材を工夫していかなければならない。

学習の個別化と集団化

友達との学び合いのなかで、新たな価値や意味が発見でき、子どもは自らの学びを広げ、高めていくことができる。そのためには、友達のよさに気づくように子ども一人一人の学びを豊かにしておく必要がある。また、豊かな交流ができる場が必要である。

友達のよさを発見するためには、学習素材や活動が同じであることや達成させるものが同じであることが大切となる。

学習の流れにそった進め方

活動の流れ	○ことばを取り出す。	○ものの名称を聞き分ける。	○ものと文字を合わせる。	○ものの名称を文字ことばで書き表す。	○ものの名称を文字や音声で表す。
子どもの活動の姿	○具体物や絵や写真からものを取り出す。	○ものの名称を聞き分けながら音声模倣・言語模倣をする。	○ものと対応させて、文字カードで単語を構成する。	○ものの絵を見て、ものの名称を文字で書き表す。	○絵や単語カードを読んでものの名称を表現する。
指導を強調するところ	●ものの名称を聞き分けさせ具体物や絵カードを取り出させる。 ●具体物や絵の名称を言語模倣させる。	●確かに聞き分けさせて、音節を意識して発語させる。 ●繰り返し言語模倣させる。	●繰り返しものの名称を発語させて文字を選ばせる。 ●語頭を意識させたり文字の並びを確かめさせていく。	●筆順通りに自分で書けるまでなぞり書き、視写等、反復練習をさせる。 ●音声化させながら書かせる。	●繰り返し読ませ、単語のまとまりで読むようにさせる。
教　材	●具体物 ●絵カード ●場面絵	●ランゲージパル ●絵カード	●音節カード ●文字カード	●ワークシート	●単語カード ●絵カード

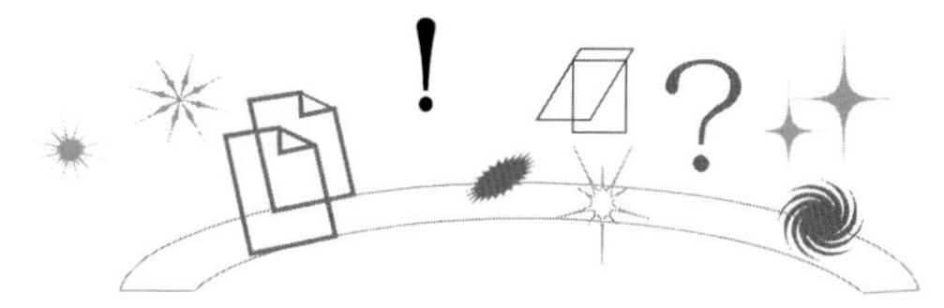

スモールステップの指導

①　ものの理解を強調する段階

①　具体物と対応させて名称を聞き分ける。	②　具体物や具体物の絵と対応させて音声模倣をする。	③　名称を聞いて具体物や絵カードを取り出す。	④　具体物や具体物の絵と対応させて言語表現をする。

②　ものの名称を発語することを強調する段階

①　具体物や挿絵と対応して名称を聞き分けながら音声模倣をする。	②　具体物や挿絵と対応して名称を聞き分けながら言語模倣や言語表現する。	③　具体物や挿絵を見て、名称を言語表現する。

③　文字の読みを確かにすることを強調する段階

①　ものの名称を発語しながら文字と音声を結びつけていく。字形を識別して単語を構成する。	②　語頭の音と文字を意識して文字カードを取り出し単語を構成する。	③　語尾の音と文字を意識してカードを取り出し単語を構成する。	④　語の並びを意識して文字カードを取り出し単語を構成する。

④　ものの名称を書くことを強調する段階

◎文字を書く

①　始点、筆順等を意識させながら補助されて書く。	②　始点や書き始めを意識してなぞり書きをする。	③　下敷きなどにして模写する。	④　視写する。

◎単語を書く

①　単語を読みながら文字のなぞり書きをする。	②　挿絵を見て名称を発語しながら語頭の文字を書いて語尾をなぞる。	③　挿絵を見て名称を発語しながら単語を書く。	④　単語を聴写する。	⑤　単語を読んで記銘し書く。

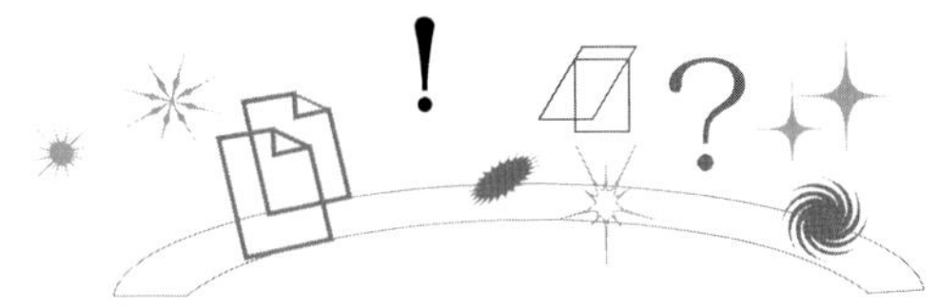

子どもの活動や習得の状況にそった学習づくりの工夫

①　ものの名称を習得する段階にある子どもの学習過程

○ことばを取り出す。	○ものの名称を聞き分ける。	○ものと挿絵を合わせ、名称を発語する。
○具体物と具体物、具体物と絵カードを対応させる。 ○挿絵や具体物に対応させて、ものの名称を聞き分け、口形模倣や口声模倣、音声模倣をする。	○ものの名称を聞き分けながら口形模倣や口声模倣、音声模倣をする。 ○ものの名称を聞き分け、具体物や挿絵を取り出す。	○場面絵に挿絵を対応させる。 ○挿絵を見て発語や言語表現をする。

②　ものの名称は分かるが文字の読み書きを習得する段階の子どもの学習過程

○ものの名称を聞き分ける。	○文字で単語を構成する。	○ものの名称を書く。
○ものの名称を聞き分け、具体物や挿絵を取り出す。 ○挿絵を見て発語や単語表現をする。	○繰り返しものの名称を発語し文字を選ぶ。 ○文字の並びを意識して単語を構成する。	○音声化しながら絵を見て、ものの名称を文字で書き表す。 ○筆順通りに自分で書けるまでなぞり書き、視写等を反復する。

③　文字の読みは容易にできるが書くことを重視する段階にある子どもの学習過程

○文字で単語を構成する。	○ものの名称を文字ことばにする。	○ものの名称を文字ことばで表す。
○繰り返しものの名称を発語し文字を選ぶ。 ○文字の並びを意識して単語を構成する。	○音声化しながら絵を見て、ものの名称を文字で書き表す。 ○筆順通りに自分で書けるまでなぞり書き、視写等を反復する。	○絵や単語カードを読んでものの名称を書き表す。 ○ものの名称を聞き分けて単語を書く。

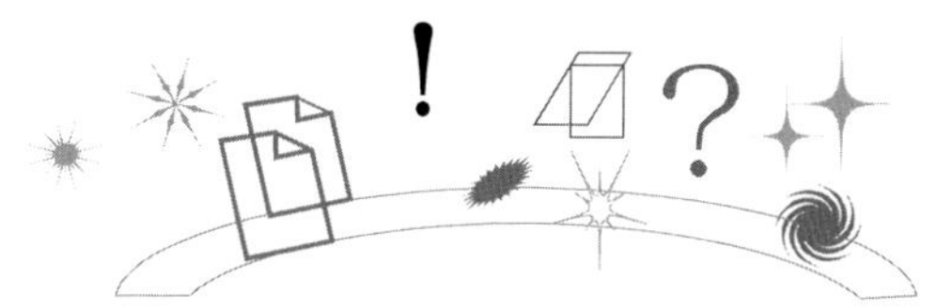

教材の提示の工夫

①　持続したり活動を繰り返したりして取り組ませること

音節カードに文字カードを何度も入れられるようにする。	ワークシートを段階的に用意していく。	繰り返しの活動を設定する。	カードを何枚も用意しておく。

②　目的意識をもって取り組ませること

◎達成するものを明確にさせる

「ことばファイルをつくろう」 読んだり書いたりしたことをワークシートにまとめていく活動	「ことばあつめをしよう」 挿絵に文字を対応させてことばあつめの絵本としてまとめていく活動	「ことばの絵本をつくろう」 挿絵に文字や単語を書き入れたものを完成させて絵本として綴じるようにしていく活動

③　自分で選択できるようにすること

◎どれを選択するか自己選択にしておく

④　試行錯誤できるようにすること

⑤　内容を変化させ繰り返し取り組めるようにすること

⑥　一人一人の習得の傾向にそって語いの内容を提示していくこと

⑦　一人一人の習得の傾向にそって教材を提示すること

2．単語の実態把握や達成度の評価について

知的遅れのある子どもたちがことばの学習で習得する学習内容

知的障害のある子どもたちのことばの学習では、自分のしたことや思っていることを伝え、他の人と楽しくコミュニケーションできるようになること、簡単な文や手紙を書いたり、本や新聞、パンフレット等を読んだりして可能な限り文字コミュニケーションができるようになることをめざしている。

そのための学習内容は次のようなものがあると考える。

○他の人の話を正しく聞き取れるようになる。

○相手を意識して、したことや思っていること、伝えたいことを表現できるようになる。

○書かれている簡単なことがらを読み取れるようになる。

○したこと、思っていること、伝えたいことをもとに伝え合うことができるようになる。

子どもたちは、最近接の内容があると自らの力で学習内容を習得していくことができる。子どもの学ぶべき最近接の内容が見いだせるように子どもの既習と未習の学習内容がとらえられるようにし、細かいステップで学習内容を設定している。

具体的には、聞くこと・話すこと、読むこと、書くことから子どもの学習内容を取りあげられるようにし、単語の段階、文の段階、文章の段階を設定し、それぞれスモールステップで学習内容を配列している。単語の段階は、語いを習得する時期でもあるので、ものの理解や発語を促すための聞き分け・表現、読むこと、書くことの領域で内容を設定し、文・文章の段階は、書いてあるとおりに読み書きができ、それを他に話し伝えることができるように読むこと、書くこと（伝えること）の領域で内容を設定している。

カタカナと漢字では、読むこと、書くこととし、書くことに用いることを取り入れている。

一人一人への指導方針と指導計画の明確化

子どもたち一人一人は、語い習得の状況も文字の読み書きの習得の状況も、コミュニケーションの発達にも差異がある。また、文字の読み書きはできるが意味理解を伴っていないとか、主述を整えて話すが文字の読みや書きに抵抗を示すとか、伝えたいことはあるが主述を整えて話すことが難しいなど、子ども一人一人の発達の内差も大きい。したがって、聞くこと、話すこと、読むこと、書くこと等において、一人一人の習得の状況を把握した上で、それぞれの領域で最近接領域の内容を取りあげて指導を組み立てることが大切である。たとえば、読みはできるが書くことに抵抗を示す子どもには生活文や物語文等を取りあげ、音読を促したり挿絵やことばとつないだりして、書かれる文を読み取れるようにし、書くことは書き表しやすい単語を取りあげていくようにする。

このようなそれぞれの子どもがもつ発達の内差とともに学習スピード、子どもが得意とする学習内容習得についての傾向は、学習内容と方法を組み立てていく上で実に大切なことである。そして、一人一人に指導の方針と指導計画を具体化しておくことが望ましい。指導計画は仮説なので、子どもの学びにそって付加修正していくことが大切であり、それが個に則した指導の基本である。

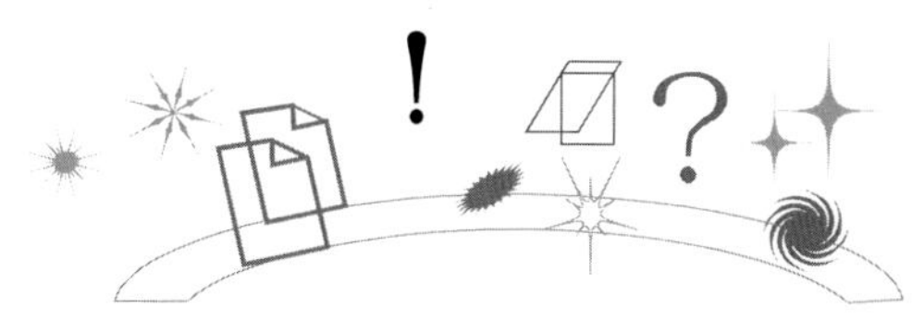

1．単語の段階

	聞き分けや表現	読む	書く
一音一語の段階	○ものとことば（音声）を合わせる。 ●事物名称を聞き分け、音声模倣をする。 ●聞き分け、事物と事物の名称を合わせる。 ●言語模倣をしたり事物の名称を表現したりする。	○文字を読む。 ●事物や絵カードと対応させながら文字を読む。 ●事物と文字を合わせる。	○文字を書く。 ●なぞり書き、視写をする。
短音節の事物名称語	○ものとことば（音声）を合わせる。 ●事物名称を聞き分け、音声模倣をする。 ●聞き分け、事物と事物の名称を合わせる。 ●事物の名称を表現する。	○文字を読む。 ●事物や絵カードと対応させながら文字や単語を読む。 ●事物と単語を合わせる。 ●文字を組み合わせて単語を構成する。	○事物の名称を書く。 ●なぞり書き、視写をする。 ●名称を書く。 ●聴写をする。
濁音・半濁音のある単語	○濁音・半濁音のある事物とことば（音声）を合わせる。 ●事物の名称を聞きながら、濁音・半濁音の音を聞き分ける。 ●聞き分け、事物と事物の名称を合わせる。	○濁音・半濁音のある事物と文字を読む。 ●濁音・半濁音のある単語を読む。 ●濁音・半濁音のある単語を読んで事物と合わせる。 ●濁音・半濁音のある単語と清音の単語を読み比べる。	○濁音・半濁音のある事物と文字を書く。 ●濁音・半濁音のある単語を書く。 ●濁音・半濁音のある単語を読んで文字を書く。 ●濁音・半濁音のある単語と清音の単語を書く。
促音・拗音・長音のある単語	○促音、拗音、長音のあることばを聞き分ける。 ●促音、拗音、長音のある単語を聞き分ける。 ●促音、拗音、長音のある単語の言語模倣をする。	○促音、拗音、長音のある単語を読む。 ●促音、拗音、長音のある単語を読む。 ●促音、拗音、長音のある位置をつかみ、文字を構成して単語をつくる。 ●促音、拗音、長音のある単語を読んで、事物や絵カードと合わせる。	○促音、拗音、長音のある単語を書く。 ●単語を見ながら促音、拗音、長音の文字の位置を意識して書く。 ●促音、拗音、長音のある事物名称語を書く。 ●促音、拗音、長音のある単語を聴写する。

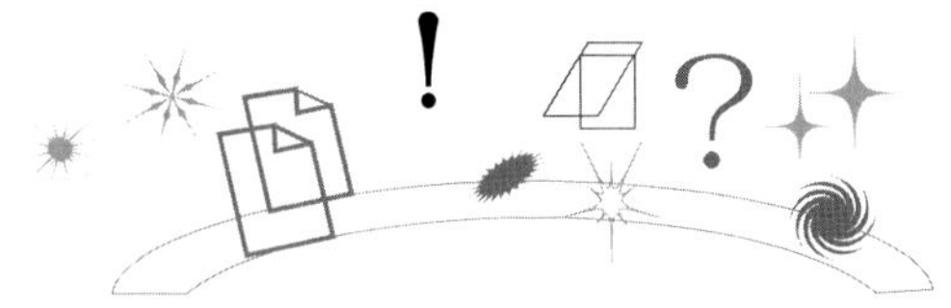

2．文の段階

	読む	書く	話す・伝える
二文節の文	○動きとことば（音声・文字）を合わせる。 ●挿絵にものや動きのことばを合わせる。 ○文を読む。 ●「なに」「どうする」文を音読する。 ●絵と文をつなぐ。 ○単語を読んで文をつくる。 ●「なに」「どうする」の単語を組み合わせて文を構成する。	○ことばを書いて文をつくる。 ●「なに」「どうする」やつなぎことばを書き入れて文を完成させる。 ●挿絵を見て文を書く。 ○視写する。 ●「なに」「どうする」の文を聴写する。	○挿絵を見て、していることを二語文で表現する。
人・時・手段・場所を入れた文	○「人」「時」「場所」「手段」を読み取る。 ●挿絵に「人」「時」「場所」「手段」のことばを合わせる。 ○文を読む。 ●文を音読する。 ●絵と文をつなぐ。 ○単語を読んで文をつくる。 ●「人」「時」「場所」「手段」のある単語で文を構成する。	○ことばを書いて文をつくる。 ●「人」「時」「場所」「手段」のことばやつなぎことばを書き入れて文を完成させる。 ●挿絵を見て「人」「時」「場所」「手段」を入れた文を書く。 ○聴写する。 ●「人」「時」「場所」「手段」の入った文を聴写する。 ○「人」「時」「場所」「手段」を入れた文を書く。	○挿絵を、「人」「時」「場所」「手段」を入れて表現する。
説明的な文	○説明的な文を読む。 ●音読をする。 ●挿絵と説明することばを合わせる。	○説明的な文を書く。 ●語句を書き入れて説明的な文を完成させる。 ●挿絵を見たり、絵を並べたりして説明的な文を書く。	○挿絵を簡単な説明的な文で表現する。

3．文章の段階

	読む	書く	話す・伝える
生活文	○教材本で生活文を読む。 ●音読をする。 ●挿絵やことばを合わせる。	○遊びの場面、掃除の場面、給食の場面等の挿絵を見て文を書く。 ●「人」「時」「場所」「手段」のことばを用いて文をつくる。	○遊びや掃除場面などの挿絵を簡単な文で表す。
物語文	○教材本で物語文を読む。 ●音読をする。 ●登場人物や動きのことばと挿絵を結ぶ。	○教材文を読む。 ●挿絵にことばを書き入れる。 ●あらすじを書く。	○挿絵を見て話のあらましを簡単な文で話す。 ○話のあらましを他の人に伝える。

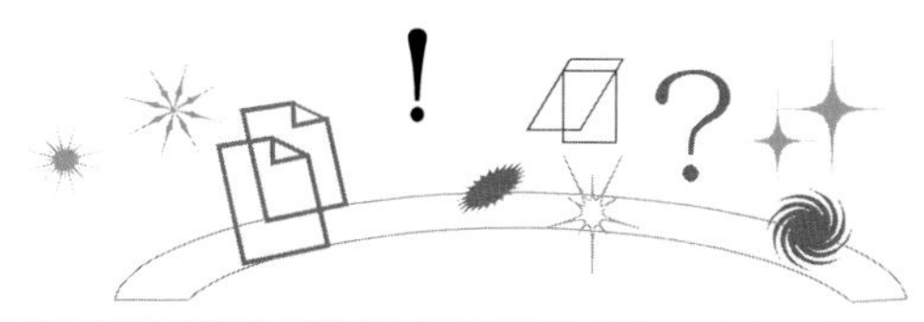

4．カタカナと漢字の指導

	読　　　む	書　　　く
カタカナ	○カタカナの文字を読む。 ○カタカナの単語を読む。 ○濁音、促音、拗音、長音の単語を読む。 ○カタカナのある文章（擬態語や擬声語のある単語）を読む。	○カタカナの文字を書く。 ○カタカナの単語を書く。 ○濁音、促音、拗音、長音の単語を書く。 ○文章で、カタカナで各部分を意識して書く。
漢字	○漢字の文を読む。 ○漢字の文字や単語を読む。	○筆順に着目して漢字を書く。 ○ひらがなを漢字で書く。 ○漢字を用いて語句をつくる。 ○漢字を用いて簡単な文をつくる。

3．子どもたちの実態把握の仕方

子どもたちの読み書きの習得の状況を把握する観点表

言　語　の　受　容

<table>
<tr><th>【ものの理解】</th><th>【聞き分け】</th><th>【読む】</th></tr>
<tr><td>1．ものを受け入れる段階
●ものに興味や関心をもつ
●移動するものや動くものを目で追う
●おもちゃや道具を扱う
●ものの用途に合った扱いをする
●動きの模倣をする
2．抽象的なものや動きを取り出す段階
●挿絵のなかからものを取り出す（具体物を合わせる）
●挿絵でものとものとを関係づけて取り出す（絵と同じように動く）</td>
<td rowspan="5">1．話す人に注意を向ける段階
●強調された人や音に注意を向ける
●関わる人や話す人に注意を向ける
●身振り等を伴わせた簡単な指示語（おいで、立って等）を受け入れる
2．指示を受け入れる段階
●日常生活の簡単な指示語（手をたたいて、鉛筆を取って）を単語や語句で受け入れる
3．傾聴し、簡単な単語を受け入れる
●事物名称語を聞いてものを取ってくる（絵カードを取る）
●二つの事物名称語を聞いて二つのものを取ってくる（絵カードを取る）
●簡単な動作語（跳んで、くぐって、走って等）を受け入れる
4．複数の要素を聞き分ける
●「お皿にカキがあります」「ざるにミカンがあります」等を聞いてその通りに具体物をおいたり絵を構成したりする
5．人、もの、動き等を聞き分ける
●人と動きをつないで聞き分ける
「○さんが、ブランコにいます」を聞いて○さんをブランコの絵に対応させる、等
●人、動き、ものをつないで聞き分ける
「△さんが、教室で本を読んでいます」を聞いて、教室で本を読んでいる△さんを取り出す
※教室と図書室で何人かの人が本を読んでいる絵から取り出す
6．聴写する
●単語を聴写する
●単文を聴写する
●文を聴写する</td>
<td rowspan="5">1．挿絵や文字に興味をもつ段階
●挿絵に興味をもつ
●挿絵のもの・人等、名称を発語する
●挿絵の動きを表現する
●字形を識別する
2．文字を読むことに興味をもつ段階
●文字と音を合わせる
●文字を発語する
●一音節の単語を読む
●一音節の単語とものを結びつける。
3．単語を読む段階
（単語を読んで絵カードと合わせる、具体物を取る）
●短音節の事物名称語を読む
●長音節の事物名称語を読む
●濁音、破音、促音、拗音、長音のある事物名称語を読む
4．動作語やつなぎことばを読む段階
（単語や語句を読んで絵カードと合わせる、具体物を取る）
●動作語を読む
●語連鎖の二語文を読む
●述部の文を読む
5．文を読む段階
●人称語を入れた文を読む
●目的語を入れた文を読む</td></tr>
<tr><th>【行動理解】</th></tr>
<tr><td>●絵と具体物を合わせる
●動作模倣をする
●動きの絵カードを見て同じように動く
●ものと動きを関係づける</td></tr>
<tr><th>【見とり】</th></tr>
<tr><td>●挿絵の中からものを見とる
●挿絵の中からものと人を関係づける
●場面全体を見とる
●時間の流れ（場面の変化）を見とる</td></tr>
</table>

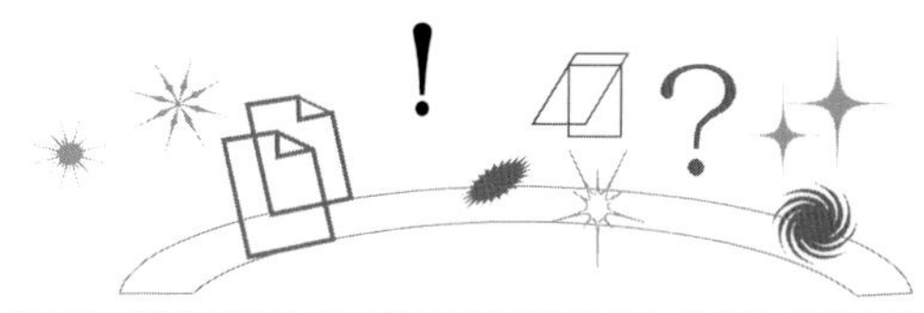

【　話　　す　】	【　書　　く　】
1．話すことへの意欲をもつ段階 ●指さしで表現する ●身振りで表現する 2．発語をしはじめる段階 ●擬態語や語を伴わせて表現する ●口形模倣をする ●口形口声模倣をする ●音声模倣をする ●単語を意識して表現する 3．単語で表現する段階 ●語のわたりを意識して事物名称語を表現する ●短音節の事物名称語を表現する ●身近な動作語を表現する 4．語をつないだり簡単な文で話したりする段階 ●つなぎことばを用いて表現する ●多語文で話す 5．文をつないで話す段階 ●述部の文で表現する ●人称語を用いた文で表現する ●したことをつないで話す	1．書くことに興味をもつ段階 ●鉛筆等でなぐり書きをする ●始点、終点のはっきりした「､」や「｡」を書く 2．文字を意識して書く段階 ●文字をなぞる ●模写する ●視写する ●文字を書く 3．単語を書く段階 ●短音節の事物名称語を書く ●長音節の事物名称語を書く ●濁音、破音、促音、拗音、長音のある事物名称語を書く 4．動作語やつなぎことばを入れて書く段階 ●動作語を書く ●語連鎖の二語文を書く ●述部の文を書く 5．文を書く段階 ●人称語を入れた文を書く ●目的語を入れた文を書く

第 2 章

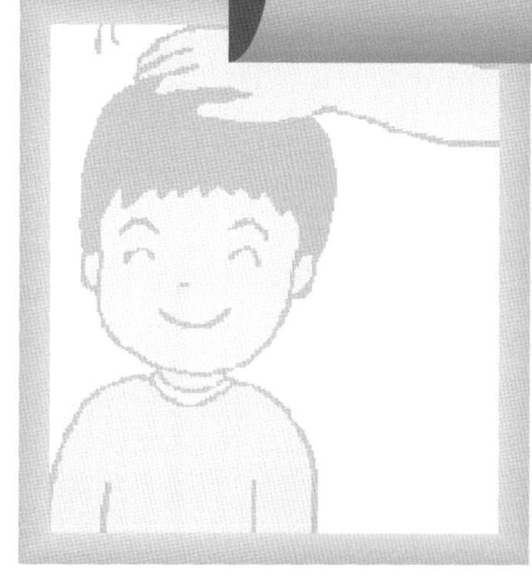

第2章 1．単語の段階の指導内容

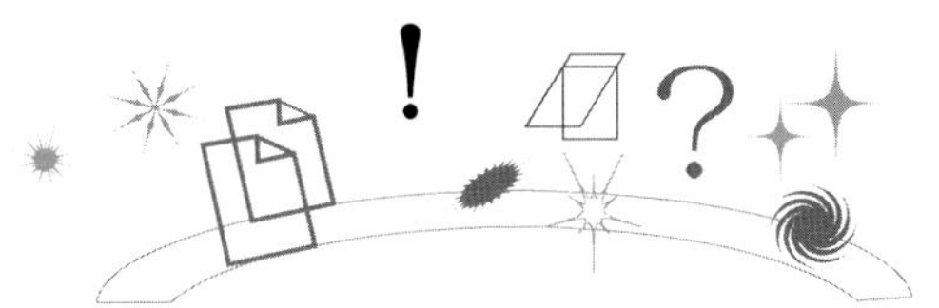

単語の段階で取りあげる語い

この学習段階は、語い習得期の中でも文字に出会い慣れ親しむ段階にある。そこで、子どもにとって身近な身体部位や持ち物、食べ物、生活場面の道具、動物などに関することばを取りあげる。そうすることでものと文字を結びつけやすくする。

下表にあげるように単語を配列した。はじめに一音節の単語を取りあげ、ものと名称、文字の読み、

段階			取りあげる単語
1(1)	一音一語	身体部位	①め ②は ③て ④みみ
2(1)	二音節		①あし ②あたま ③かお ④かた
3	二～四音節	持ち物 I	①くつ ②くつした ③たおる
4			①のり ②いす ③はさみ ④つくえ
5(1)			①ほん ②のおと ③はんかち ④ちりがみ
6		食べ物	①かき ②なし ③くり
7(1)			①りんご ②ばなな ③いちご
8(1)		動物	①うし ②うま ③ねこ ④くま
9(1)		持ち物 II	①めがね ②ぼうし ③ずぼん
10(1)			①ぱん ②ぷりん ③えんぴつ
11		食器	①さら ②どんぶり ③かっぷ ④ゆのみ
12		乗り物	①ばす ②くるま ③ひこうき
13(1)		運動器具用具	①なわ ②ぼうる ③とびばこ
14(1)		楽器	①ふえ ②たいこ ③すず ④しんばる
15(1)	促音		①こっぷ ②きっぷ ③ぽっと ④まっち
16(1)	拗音		①おちゃ ②ちゃわん ③きしゃ ④でんしゃ
17	拗長音		①ちゅうしゃ ②ぎゅうにゅう ③ちょうちょう
18(1)			①しょうぼうしょ ②びょういん ③ていりゅうじょ
19(1)	長音		①おとうさん ②おかあさん ③おじいさん ④おばあさん

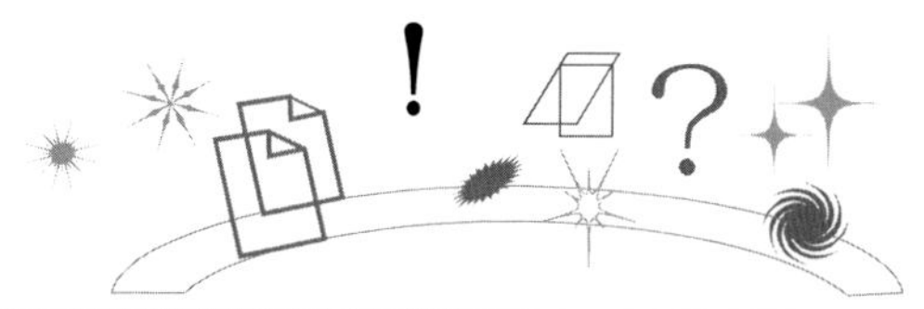

名称と文字を結びつけることを意識づける。その上で、発語しやすく書きやすい文字が語頭にくる二、三音節の単語へと進み、長音節の単語へ高めていく。

また、できるだけ清音の単語を取りあげ、濁音や破音は最小限にして抵抗なく文字の読み書きに慣れ親しめるようにしている。表の左側は基本的な配列とし、右側の単語を取り入れることで、それぞれの段階を広げたり深化させたりする。

段階	習熟を図る単語
1(2)	①き ②か ③ひ ④と ⑤え ⑥ゆ ⑦もも
2(2)	①はと ②はな ③はこ ④はし ⑤かに ⑥かみ ⑦かめ ⑧かさ ⑨いし ⑩いも ⑪いえ ⑫いろ
5(2)	①ほうき ②ちりとり ③ばけつ ④ぞうきん
7(2)	①なす ②とまと ③にんじん ④だいこん ⑤たまねぎ
8(2)	①たぬき ②きつね ③ひよこ ④ぞう
10(2)	①かばん ②ふでばこ ③けしごむ ④いろがみ
13(2)	①てつぼう ②ぶらんこ ③すべりだい
14(2)	①ぴあの ②まらかす ③たんぶりん
15(2)	①ばっと ②らけっと ③かすたねっと
18(2)	①きゅうきゅうしゃ ②にんぎょう ③じゅうえん ④ごじゅうえん
19(2)	①おにいさん ②おねえさん

2．単語の実態把握や達成度の評価について

子ども一人一人の学習内容の習得状況の把握をし、一人一人の子どもに最近接の学習内容を取りあげ、細かいステップで習得できるように教材を作成する必要がある。学習前に習得状況の把握や学習後に達成状況を把握するために用いる評価観点を下に示す。

		評　価　内　容	め	て	は	みみ	あし	かお	あたま
受容性言語	聞き分け	傾聴する							
		強調した音を聞き分ける							
		単語を聞き分ける（絵カードやものを取ってくる）							
	ものの理解	具体物と具体物を合わせる							
		具体物と絵を合わせる							
		絵を見て具体物を取る							
		ものの用途にそった取り扱いをする							
	行動の理解	動作模倣をする							
		動きの絵と同じ動きをする							
表出性言語	発語	口形模倣をする（口の形を同じようにする）							
		音声模倣をする（同じように音を表出する）							
		言語模倣をする（同じ単語の表出）							
	読む	字形を識別する（同じ文字の対応）							
		文字と音を合わせる（文字の読み）							
		単語を読む							
	話す	指さしや身振りで表現する							
		不確かだが発語する							
		確かに表現する							
	書く	始点が分かる							
		筆順にそってなぞり書きをする							
		視写をする（見て書く）							
		文字を書く							
		単語を書く							

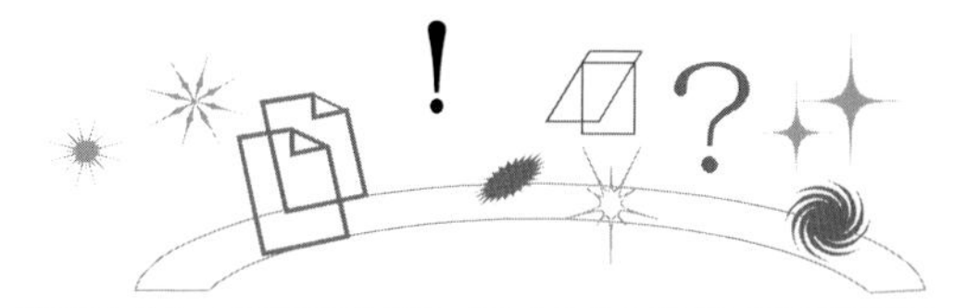

3．基本的な指導の流れ

一音一語の単語を中心にした読み書き　身体の部位の名称「め」「は」「て」「みみ」

一文字でもものの名称を表す一音一語は、語いを習得する段階にある子どもにも、発語が見られ始めたばかりの子どもにも、ものの名称を表出したり、文字で表したりすることを繰り返していくことで、文字の読み書きに慣れ親しみやすい。また、ものと事物名称語と音声、文字を結びつけやすくなる。

挿絵を見たり文字を読んだり文字を書いたりしながら発語を繰り返させて、もの、音声、文字をつないでいくことが大切である。

1．身体や身体絵から身体の部位の名称「め」「は」「て」「みみ」を聞き分けたり、言語模倣したり、文字の読みや字形に触れたりする。

活動の流れ	子どもの活動の姿	教材及び活用の仕方
⑴　身体の部位の名称を聞き分ける。	⑴　目、歯、手、耳の名称を聞いて、身体部位を指さしたり絵カードを取ったりする。	⑴
⑵　目、歯、手、耳の名称の音声模倣をする。	⑵　身体部位や絵カードを見て、音声模倣や言語模倣をする。	⑵
⑶　文字を読んだり字形の識別をしたりする。	⑶　文字を聞き分けたり読んだりしながら字形の識別をする。	⑶

2．「め」「は」「て」「みみ」の身体各部位の名称の文字を読んだり書いたりする。

（1）「め」を中心に

活動の流れ	子どもの活動の姿	教材及び活用の仕方
①　身体絵から目の絵カードを取り出す。	①　「め」と発語したり身体絵の目を指さしたりして目の前のカードを取る。	①
②　目の絵カードのついたランゲージパルで「め」を聞き分ける。	②　「め」を聞き分けながら音声模倣や言語模倣を繰り返す。	②
③　目の絵カードと文字カードを合わせる。	③　絵や文字を見て「め」と発語しながら文字カードを音節毎の枠に置く。	③

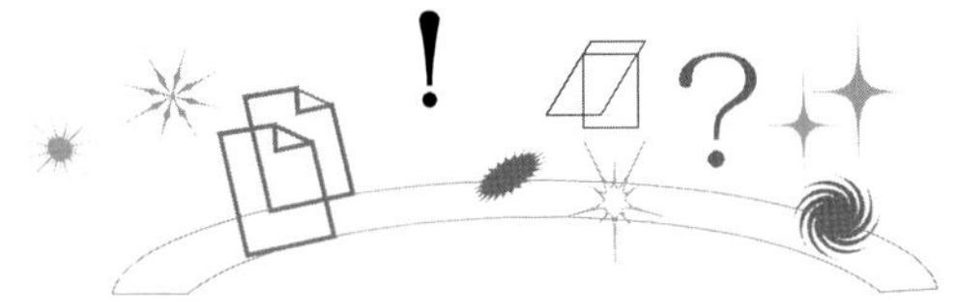

④　目のさし絵に対応させて「め」を文字で書き表す。	④　なぞり書き、模写、視写などのワークシートを選択して進める。	④
⑤　身体絵に「め」の文字を合わせて名称を音声表現する。	⑤　文字カードをはる、文字を書き入れるなどして音声表現する。	⑤

（2）「は」を中心に

活動の流れ	子どもの活動の姿	教材及び活用の仕方
①　身体絵から歯の絵カードを取り出す。	①　「は」と発語したり身体絵の歯を指さしたりして目の前のカードを取る。	①
②　歯の絵カードのついたランゲージパルで「は」を聞き分ける。	②　「は」を聞き分けながら音声模倣や言語模倣を繰り返す。	②
③　歯の絵カードと文字カードを合わせる。	③　絵や文字を見て「は」と発語しながら文字カードを音節毎の枠に置く。	③
④　歯のさし絵に対応させて「は」を文字で書き表す。	④　なぞり書き、模写、視写などのワークシートを選択して進める。	④
⑤　身体絵に「は」の文字を合わせて名称を音声表現する。	⑤　文字カードをはる、文字を書き入れるなどして音声表現する。	⑤

（3）「て」を中心に

活動の流れ	子どもの活動の姿	教材及び活用の仕方
①　身体絵から手の絵カードを取り出す。	①　「て」と発語したり身体絵の手を指さしたりして目の前のカードを取る。	①

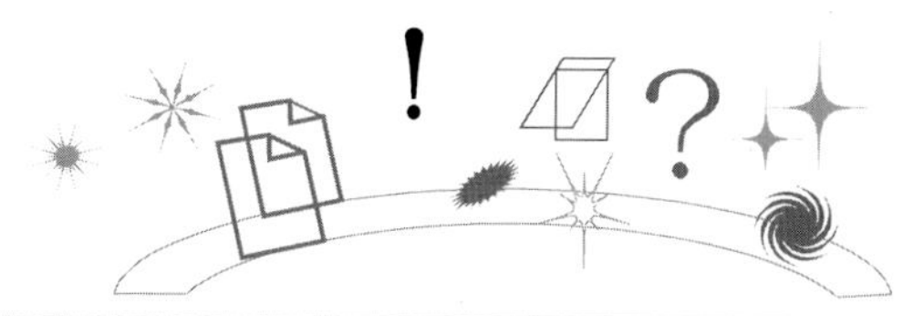

② 手の絵カードのついたランゲージパルで「て」を聞き分ける。	② 「て」を聞き分けながら音声模倣や言語模倣を繰り返す。	② 
③ 手の絵カードと文字カードを合わせる。	③ 絵や文字を見て「て」と発語しながら文字カードを音節毎の枠に置く。	③ 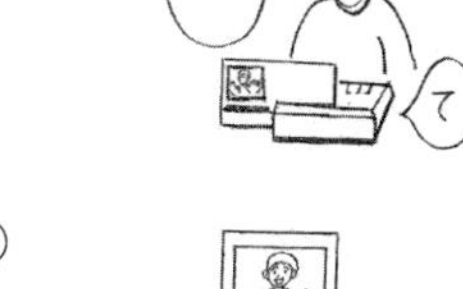
④ 手のさし絵に対応させて「て」を文字で書き表す。	④ なぞり書き、模写、視写などのワークシートを選択して進める。	④ 
⑤ 身体絵に「て」の文字を合わせて名称を音声表現する。	⑤ 文字カードをはる、文字を書き入れるなどして音声表現する。	⑤

（4）「みみ」を中心に

活動の流れ	子どもの活動の姿	教材及び活用の仕方
① 身体絵から耳の絵カードを取り出す。	① 「みみ」と発語したり身体絵の耳を指さしたりして目の前のカードを取る。	①
② 耳の絵カードのついたランゲージパルで「みみ」を聞き分ける。	② 「みみ」を聞き分けながら音声模倣や言語模倣を繰り返す。	②
③ 耳の絵カードと文字カードを合わせる。	③ 絵や文字を見て「みみ」と発語しながら文字カードを音節毎の枠に置く。	③
④ 耳の絵カードと単語カードを合わせる。	④ 絵や単語を見て「みみ」と発語しながら単語カードを枠に置く。	④
⑤ 耳のさし絵に対応させて「みみ」を文字で書き表す。	⑤ なぞり書き、模写、視写などのワークシートを選択して進める。	⑤

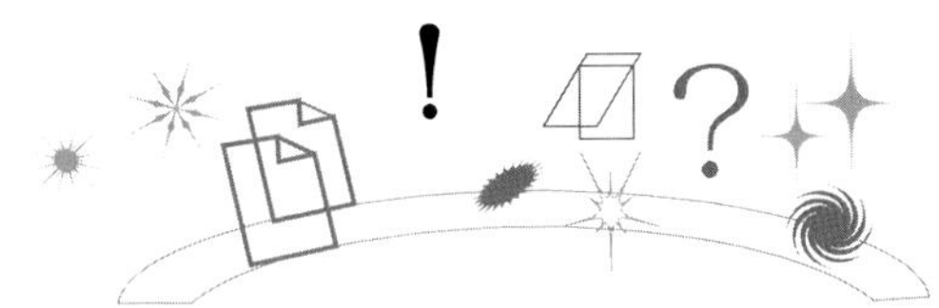

⑥　身体絵に「みみ」の文字を合わせて名称を音声表現する。	⑥　文字（単語）カードをはる、文字を書き入れるなどして音声表現する。	⑥ 

この段階の指導の進め方のポイント

○発語を確かにしていくときは、次の点に気をつけて口形模倣や口声模倣を繰り返していく。
- 事物の名称や文字を確実に聞き分けられるようにする。
- 口形絵を示して口形を意識できるようにする。

○文字の読みを確かにしていくときは、次の点に気をつけて段階的に進める。
- ものの絵のある音節カード（字形をしめしている）を見て繰り返し発語して、文字カードを読んで単語を構成するようにしていく。

○文字を書くことを確かにしていくときは、次の点に気をつけて細かい段階で進めていく。
- 書きやすい文字や語頭から始める。
- なぞり書きで筆順や視点を意識できるようにする。
- 子どもの活動を見ながら模写→視写→聴写へと進めていく。
- 書く活動に終始させると意欲が持続しにくいので、文字を書けなくても読みに慣れ親しんできたら次の段階に進んでもよい。

二音節で語頭が同音の単語を中心にした読み書き　身体の部位の名称「あし」「あたま」「かお」「かた」

一音一語でものと文字、音とを結びつけ始めた子どもたちに、読みやすい文字で語頭にした二音節の単語を読ませていく段階である。子どもが発語や書くことや記銘しやすい文字を語頭にした単語を取りあげる。

1．身体や身体絵から身体の部位の名称「あし」「あたま」「かお」「かた」を聞き分けたり、言語模倣したり文字の読みや字形に触れたりする。

活動の流れ	子どもの活動の姿	教材及び活用の仕方
⑴　身体の部位の名称を聞き分ける。	⑴　足、頭、顔、肩の名称を聞いて、身体部位を指さしたり絵カードを取ったりする。	⑴
⑵　足、頭、顔、肩の名称の音声模倣をする。	⑵　身体部位や絵カードを見て、音声模倣や言語模倣をする。	⑵
⑶　文字を読んだり字形の識別をしたりする。	⑶　文字を聞き分けたり読んだりしながら字形の識別をする。	⑶

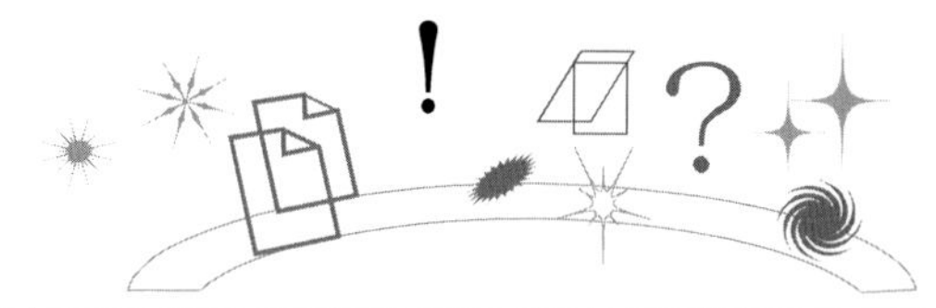

2．「あし」「あたま」「かお」「かた」の身体各部位の名称の文字を読んだり書いたりする。

（1）「あし」を中心に

活動の流れ	子どもの活動の姿	教材及び活用の仕方
①　身体絵から足の絵カードを取り出す。	①　「あし」と発語したり身体絵の足を指さしたりして目の前のカードを取る。	①
②　足の絵カードのついたランゲージパルで「あし」を聞き分ける。	②　「あし」を聞き分けながら音声模倣や言語模倣を繰り返す。	②
③　足の絵カードと文字カードを合わせる。	③　絵や文字を見て「あし」と発語しながら文字カードを音節毎の枠に置く。	③
④　足の絵カードと単語カードを合わせる。	④　絵や単語を見て「あし」と発語しながら単語カードを枠に置く。	④
⑤　足のさし絵に対応させて「あし」を文字で書き表す。	⑤　なぞり書き、模写、視写などのワークシートを選択して進める。	⑤
⑥　身体絵に「あし」の文字を合わせて名称を音声表現する。	⑥　文字カードをはる、文字を書き入れるなどして音声表現する。	⑥

（2）「あたま」を中心に

活動の流れ	子どもの活動の姿	教材及び活用の仕方
①　身体絵から頭の絵カードを取り出す。	①　「あたま」と発語したり身体絵の頭を指さしたりして目の前のカードを取る。	①
②　頭の絵カードのついたランゲージパルで「あたま」を聞き分ける。	②　「あたま」を聞き分けながら音声模倣や言語模倣を繰り返す。	②

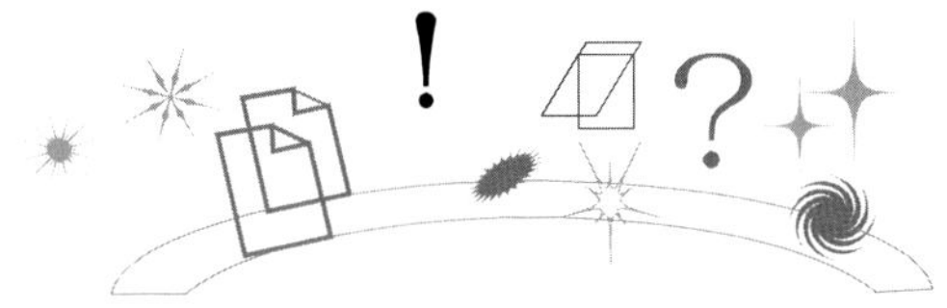

③　頭の絵カードと文字カードを合わせる。	③　絵や文字を見て「あたま」と発語しながら文字カードを音節毎の枠に置く。	③ 
④　頭の絵カードと単語カードを合わせる。	④　絵や単語を見て「あたま」と発語しながら単語カードを枠に置く。	④ 
⑤　頭のさし絵に対応させて「あたま」を文字で書き表す。	⑤　なぞり書き、模写、視写などのワークシートを選択して進める。	⑤ 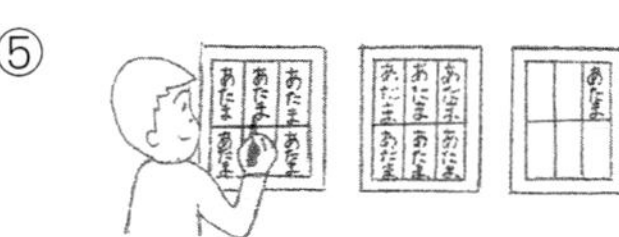
⑥　身体絵に「あたま」の文字を合わせて名称を音声表現する。	⑥　文字カードをはる、文字を書き入れるなどして音声表現する。	⑥

（3）「かお」を中心に

活動の流れ	子どもの活動の姿	教材及び活用の仕方
①　身体絵から顔の絵カードを取り出す。	①　「かお」と発語したり身体絵の顔を指さしたりして目の前のカードを取る。	①
②　顔の絵カードのついたランゲージパルで「かお」を聞き分ける。	②　「かお」を聞き分けながら音声模倣や言語模倣を繰り返す。	②
③　顔の絵カードと文字カードを合わせる。	③　絵や文字を見て「かお」と発語しながら文字カードを音節毎の枠に置く。	③
④　顔の絵カードと単語カードを合わせる。	④　絵や単語を見て「かお」と発語しながら単語カードを枠に置く。	④
⑤　顔のさし絵に対応させて「かお」を文字で書き表す。	⑤　なぞり書き、模写、視写などのワークシートを選択して進める。	⑤

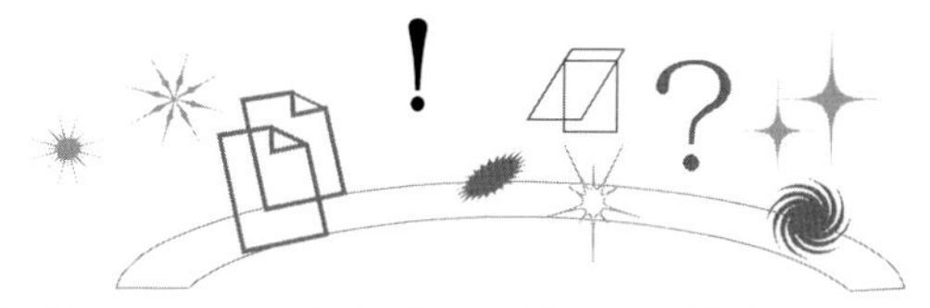

⑥　身体絵に「かお」の文字を合わせて名称を音声表現する。	⑥　文字カードをはる、文字を書き入れるなどして音声表現する。	⑥

（4）「かた」を中心に

活動の流れ	子どもの活動の姿	教材及び活用の仕方
①　身体絵から肩の絵カードを取り出す。	①　「かた」と発語したり身体絵の肩を指さしたりして目の前のカードを取る。	①
②　肩の絵カードのついたランゲージパルで「かた」を聞き分ける。	②　「かた」を聞き分けながら音声模倣や言語模倣を繰り返す。	②
③　肩の絵カードと文字カードを合わせる。	③　絵や文字を見て「かた」と発語しながら文字カードを音節毎の枠に置く。	③
④　肩の絵カードと単語カードを合わせる。	④　絵や単語を見て「かた」と発語しながら単語カードを枠に置く。	④
⑤　肩のさし絵に対応させて「かた」を文字で書き表す。	⑤　なぞり書き、模写、視写などのワークシートを選択して進める。	⑤
⑥　身体絵に「かた」の文字を合わせて名称を音声表現する。	⑥　文字カードをはる、文字を書き入れるなどして音声表現する。	⑥

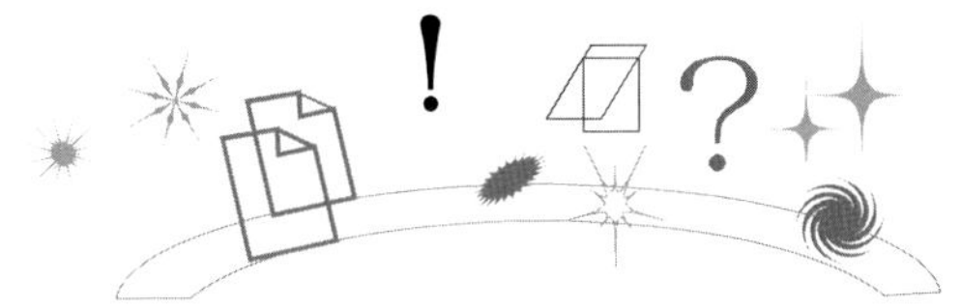

この段階の指導の進め方のポイント

○発語を確かにしていくときは、次のことを意識して口形模倣や口声模倣を繰り返していく。
- 音節を意識して聞き分けさせ、音声模倣を繰り返しさせる。
- 口形や文字を提示して確かな発語を促したり、単語を発語してみせたりして単語のまとまりで読むようにしていく。
- 音節を意識して発語させる。

○文字の読みを確かにしていくときは、次のことを意識して進める。
- ものの絵と文字（単語）を対応させて繰り返し発語させ、音とつないで字形を記銘させていく。
- 読めるようになった文字を手がかりに単語を類推して、他の文字を読んでみることも取り入れる。

○文字を書くことを確かにしていくときは、次のことを意識して進める。
- 読めるようになった文字や書きやすい文字から始める。
- 文字を見せたり聞き分けさせたりして文字の視覚的な記銘、音の記銘を強調しながら書かせる。

二～四音節の単語を中心にした読み書き　持ち物Ⅰの名称「のり」「いす」「はさみ」「つくえ」

1．身近な持ち物の絵からものの名称「のり」「いす」「はさみ」「つくえ」を聞き分けたり、言語模倣したり、文字の読みや字形に触れたりする。

活動の流れ	子どもの活動の姿	教材及び活用の仕方
⑴　持ち物の名称を聞き分ける。	⑴　のり、椅子、はさみ、机を聞いて、持ち物を指さしたり絵カードを取ったりする。	⑴
⑵　のり、椅子、はさみ、机の名称の音声模倣をする。	⑵　持ち物の絵や絵カードを見て、音声模倣や言語模倣をする。	⑵
⑶　文字を読んだり字形の識別をしたりする。	⑶　文字を聞き分けたり読んだりしながら字形の識別をする。	⑶

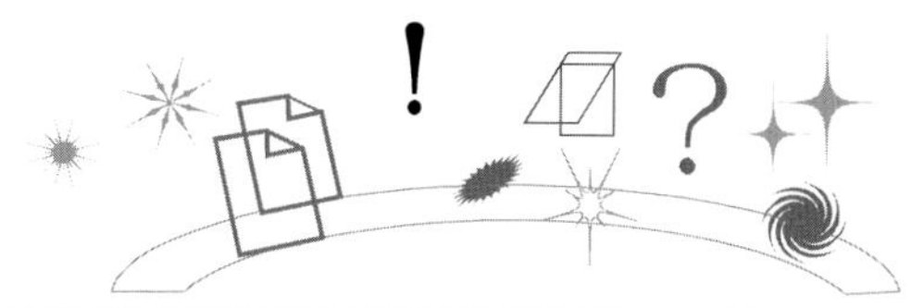

2．「のり」「いす」「はさみ」「つくえ」の持ち物の名称の文字を読んだり書いたりする。

（1）「のり」を中心に

活動の流れ	子どもの活動の姿	教材及び活用の仕方
① 持ち物からのりの絵カードを取り出す。	① 「のり」と発語したり持ち物ののりを指さしたりして目の前のカードを取る。	① 
② のりの絵カードのついたランゲージパルで「のり」を聞き分ける。	② 「のり」を聞き分けながら音声模倣や言語模倣を繰り返す。	② 
③ のりの絵カードと文字カードを合わせる。	③ 絵や文字を見て「のり」と発語しながら文字カードを音節毎の枠に置く。	③ 
④ のりの絵カードと単語カードを合わせる。	④ 絵や単語を見て「のり」と発語しながら単語カードを枠に置く。	④ 
⑤ のりのさし絵に対応させて「のり」を文字で書き表す。	⑤ なぞり書き、模写、視写などのワークシートを選択して進める。	⑤ 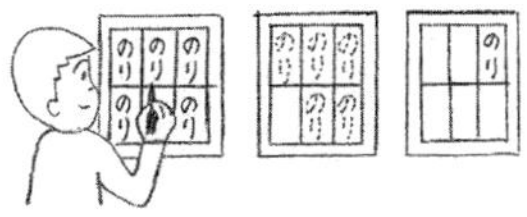
⑥ 持ち物の絵に「のり」の文字を合わせて名称を音声表現する。	⑥ 文字カードをはる、文字を書き入れるなどして音声表現する。	⑥ 

（2）「いす」を中心に

活動の流れ	子どもの活動の姿	教材及び活用の仕方
① 持ち物から椅子の絵カードを取り出す。	① 「いす」と発語したり持ち物の絵の椅子を指さしたりして目の前のカードを取る。	① 
② 椅子の絵カードのついたランゲージパルで「いす」を聞き分ける。	② 「いす」を聞き分けながら音声模倣や言語模倣を繰り返す。	② 

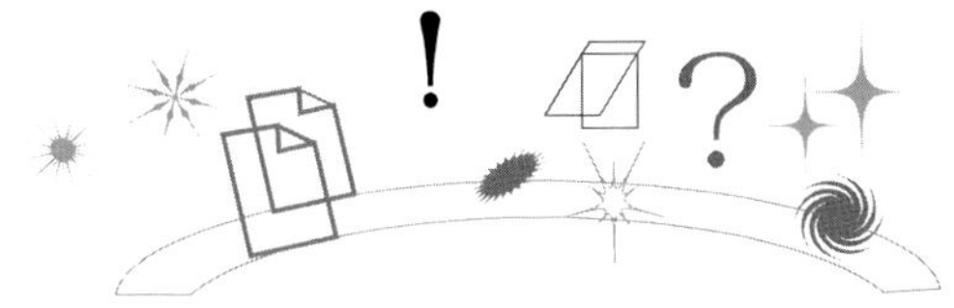

③　椅子の絵カードと文字カードを合わせる。	③　絵や文字を見て「いす」と発語しながら文字カードを音節毎の枠に置く。	③ 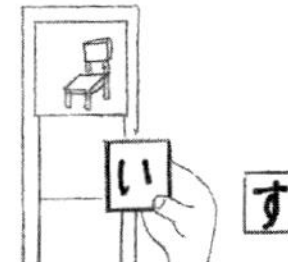
④　椅子の絵カードと単語カードを合わせる。	④　絵や単語を見て「いす」と発語しながら単語カードを枠に置く。	④ 
⑤　椅子のさし絵に対応させて「いす」を文字で書き表す。	⑤　なぞり書き、模写、視写などのワークシートを選択して進める。	⑤
⑥　持ち物の絵に「いす」の文字を合わせて名称を音声表現する。	⑥　文字カードをはる、文字を書き入れるなどして音声表現する。	⑥

（3）**「はさみ」を中心に**

活動の流れ	子どもの活動の姿	教材及び活用の仕方
①　持ち物の絵からはさみの絵カードを取り出す。	①　「はさみ」と発語したり持ち物の絵のはさみを指さしたりして目の前のカードを取る。	①
②　はさみの絵カードのついたランゲージパルで「はさみ」を聞き分ける。	②　「はさみ」を聞き分けながら音声模倣や言語模倣を繰り返す。	②
③　はさみの絵カードと文字カードを合わせる。	③　絵や文字を見て「はさみ」と発語しながら文字カードを音節毎の枠に置く。	③
④　はさみの絵カードと単語カードを合わせる。	④　絵や単語を見て「はさみ」と発語しながら単語カードを枠に置く。	④
⑤　はさみのさし絵に対応させて「はさみ」を文字で書き表す。	⑤　なぞり書き、模写、視写などのワークシートを選択して進める。	⑤

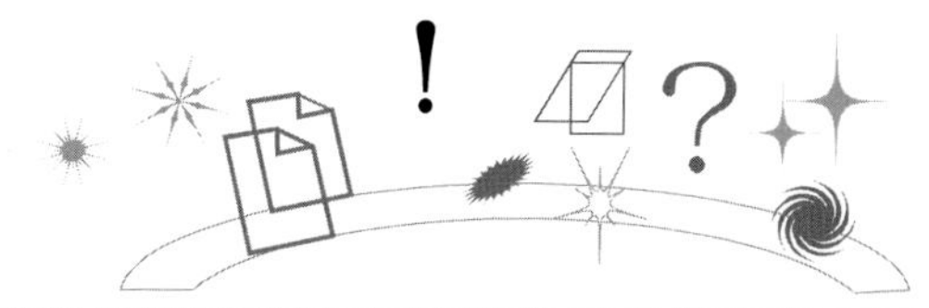

⑥　持ち物の絵に「はさみ」の文字を合わせて名称を音声表現する。	⑥　文字カードをはる、文字を書き入れるなどして音声表現する。	⑥ 

（4）**「つくえ」を中心に**

活動の流れ	子どもの活動の姿	教材及び活用の仕方
①　持ち物の絵から机の絵カードを取り出す。	①　「つくえ」と発語したり持ち物の絵の机を指さしたりして目の前のカードを取る。	①
②　机の絵カードのついたランゲージパルで「つくえ」を聞き分ける。	②　「つくえ」を聞き分けながら音声模倣や言語模倣を繰り返す。	②
③　机の絵カードと文字カードを合わせる。	③　絵や文字を見て「つくえ」と発語しながら文字カードを音節毎の枠に置く。	③
④　机の絵カードと単語カードを合わせる。	④　絵や単語を見て「つくえ」と発語しながら単語カードを枠に置く。	④
⑤　机のさし絵に対応させて「つくえ」を文字で書き表す。	⑤　なぞり書き、模写、視写などのワークシートを選択して進める。	⑤
⑥　持ち物の絵に「つくえ」の文字を合わせて名称を音声表現する。	⑥　文字カードをはる、文字を書き入れるなどして音声表現する。	⑥

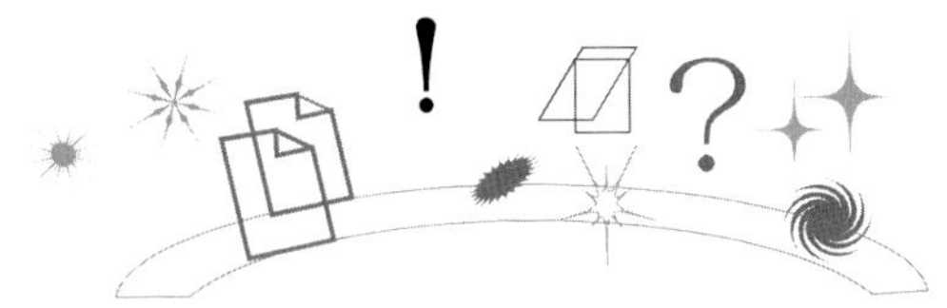

この段階の指導の進め方のポイント

○拾い読みをするけれど書いていることが分からないようなときの指導は次のことを強調する。
- 大きな声で何度も読ませて音節を意識できるようにする。
- 大きな声で繰り返し読ませ、書いていることを文字を見ないで表現させる。
- 単語を聞かせ、聞いたとおりに文字を並べて単語をつくる。

○　文字の読みを確かにしていくときは、次のことを意識して進める。
- 単語カードを読んで書いているとおりに単語を書いたり単語を聞いて書いたりする。

生活場面の食べ物や持ち物などの単語を中心にした読み書き　食べ物の名称「りんご」「ばなな」「いちご」

1．食べ物の名称「りんご」「ばなな」「いちご」を聞き分けたり、言語模倣したり、文字の読みや字形に触れたりする。

活動の流れ	子どもの活動の姿	教材及び活用の仕方
⑴　食べ物の名称を聞き分ける。	⑴　リンゴ、バナナ、イチゴの名称を聞いて、食べ物を指さしたり絵カードを取ったりする。	⑴
⑵　リンゴ、バナナ、イチゴの名称の音声模倣をする。	⑵　食べ物や絵カードを見て、音声模倣や言語模倣をする。	⑵
⑶　文字を読んだり字形の識別をしたりする。	⑶　文字を聞き分けたり読んだりしながら字形の識別をする。	⑶

2．「りんご」「ばなな」「いちご」の食べ物の名称の文字を読んだり書いたりする。

（1）「りんご」を中心に

活動の流れ	子どもの活動の姿	教材及び活用の仕方
①　食べ物の絵からリンゴの絵カードを取り出す。	①　「りんご」と発語したり食べ物の絵のリンゴを指さしたりして目の前のカードを取る。	①
②　リンゴの絵カードのついたランゲージパルで「りんご」を聞き分ける。	②　「りんご」を聞き分けながら音声模倣や言語模倣を繰り返す。	②

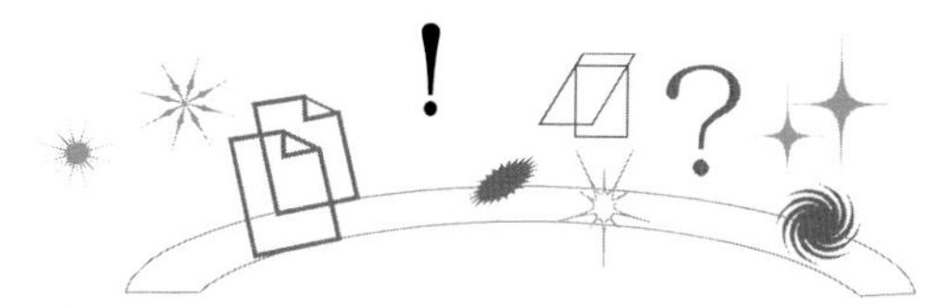

③　リンゴの絵カードと文字カードを合わせる。	③　絵や文字を見て「りんご」と発語しながら文字カードを音節毎の枠に置く。	③ 
④　リンゴの絵カードと単語カードを合わせる。	④　絵や単語を見て「りんご」と発語しながら単語カードを枠に置く。	④ 
⑤　リンゴのさし絵に対応させて「りんご」を文字で書き表す。	⑤　なぞり書き、模写、視写などのワークシートを選択して進める。	⑤ 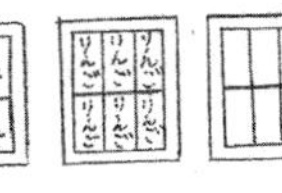
⑥　食べ物の絵に「りんご」の文字を合わせて名称を音声表現する。	⑥　文字カードをはる、文字を書き入れるなどして音声表現する。	⑥ 

（2）「ばなな」を中心に

活動の流れ	子どもの活動の姿	教材及び活用の仕方
①　食べ物の絵からバナナの絵カードを取り出す。	①　「ばなな」と発語したり食べ物の絵のバナナを指さしたりして目の前のカードを取る。	①
②　バナナの絵カードのついたランゲージパルで「ばなな」を聞き分ける。	②　「ばなな」を聞き分けながら音声模倣や言語模倣を繰り返す。	②
③　バナナの絵カードと文字カードを合わせる。	③　絵や文字を見て「ばなな」と発語しながら文字カードを音節毎の枠に置く。	③
④　バナナの絵カードと単語カードを合わせる。	④　絵や単語を見て「ばなな」と発語しながら単語カードを枠に置く。	④

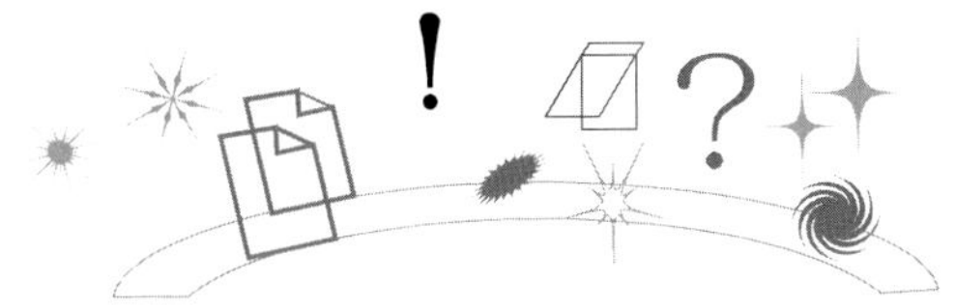

⑤　バナナのさし絵に対応させて「ばなな」を文字で書き表す。	⑤　なぞり書き、模写、視写などのワークシートを選択して進める。	⑤ 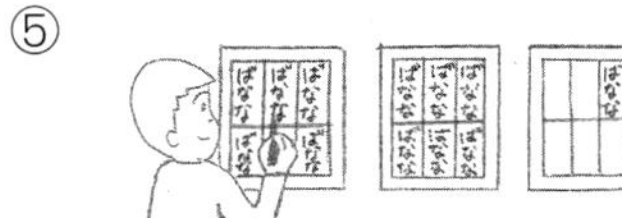
⑥　食べ物の絵に「ばなな」の文字を合わせて名称を音声表現する。	⑥　文字カードをはる、文字を書き入れるなどして音声表現する。	⑥ 

（3）**「いちご」を中心に**

活動の流れ	子どもの活動の姿	教材及び活用の仕方
①　食べ物の絵からイチゴの絵カードを取り出す。	①　「いちご」と発語したり食べ物の絵のイチゴを指さしたりして目の前のカードを取る。	①
②　イチゴの絵カードのついたランゲージパルで「いちご」を聞き分ける。	②　「いちご」を聞き分けながら音声模倣や言語模倣を繰り返す。	②
③　イチゴの絵カードと文字カードを合わせる。	③　絵や文字を見て「いちご」と発語しながら文字カードを音節毎の枠に置く。	③
④　イチゴの絵カードと単語カードを合わせる。	④　絵や単語を見て「いちご」と発語しながら単語カードを枠に置く。	④
⑤　イチゴのさし絵に対応させて「いちご」を文字で書き表す。	⑤　なぞり書き、模写、視写などのワークシートを選択して進める。	⑤
⑥　食べ物の絵に「いちご」の文字を合わせて名称を音声表現する。	⑥　文字カードをはる、文字を書き入れるなどして音声表現する。	⑥

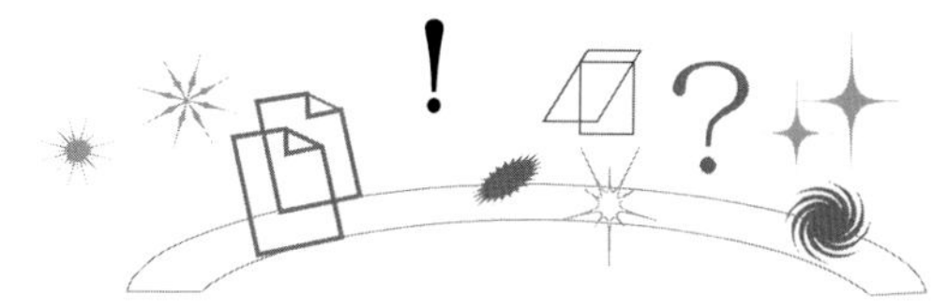

この段階の指導の進め方のポイント

○濁音のある単語を確かに読むためには次の点に気をつけて進めていく。
- 濁音のある単語とない単語を取り出し、濁音を意識させて繰り返し読ませる。
  例：ざる→さる　　はな→ばなな　　てんき→でんき　　たいこ→だんご
- 濁音のある文を聞いて言語表現する。
  例：さるが、ざるであそんでいます　　どたばたどたばた、おとがします
  　どんどん、やまをのぼります

○濁音のある単語を確かに書くためには、次の点に気をつけて段階的に進める。
- 視写させて濁音のつく部位を強調する。
- 濁音のある単語や文を聞いて聴写する。
  例：どんぐりとどじょうがあそんでいます
  　どんぶりにどんぐりをいれた

生活場面の食べ物や持ち物などの単語を中心にした読み書き　ものの名称「ぱん」「ぷりん」「えんぴつ」

1．ものの名称「ぱん」「ぷりん」「えんぴつ」を聞き分けたり、言語模倣したり、文字の読みや字形に触れたりする。

活動の流れ	子どもの活動の姿	教材及び活用の仕方
(1)　ものの名称を聞き分ける。	(1)　パン、プリン、鉛筆の名称を聞いて、ものを指さしたり絵カードを取ったりする。	(1)
(2)　パン、プリン、鉛筆の名称の音声模倣をする。	(2)　ものや絵カードを見て、音声模倣や言語模倣をする。	(2)
(3)　文字を読んだり字形の識別をしたりする。	(3)　文字を聞き分けたり読んだりしながら字形の識別をする。	(3)

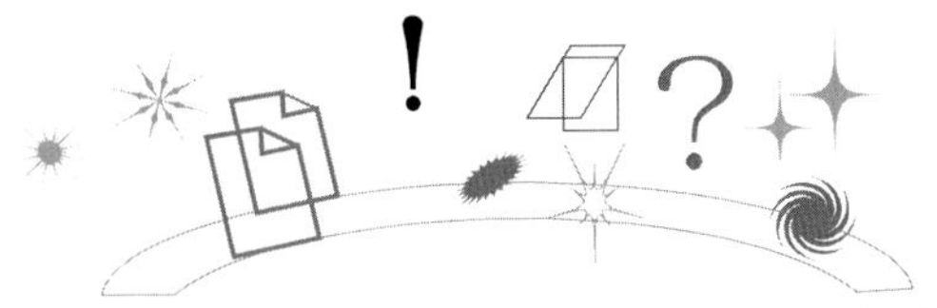

2．「ぱん」「ぷりん」「えんぴつ」のものの名称の文字を読んだり書いたりする。

（1）「ぱん」を中心に

活動の流れ	子どもの活動の姿	教材及び活用の仕方
① ものの絵からパンの絵カードを取り出す。	① 「ぱん」と発語したりパンの絵を指さしたりして目の前のカードを取る。	①
② パンの絵カードのついたランゲージパルで「ぱん」を聞き分ける。	② 「ぱん」を聞き分けながら音声模倣や言語模倣を繰り返す。	②
③ パンの絵カードと文字カードを合わせる。	③ 絵や文字を見て「ぱん」と発語しながら文字カードを音節毎の枠に置く。	③
④ パンの絵カードと単語カードを合わせる。	④ 絵や単語を見て「ぱん」と発語しながら単語カードを枠に置く。	④
⑤ パンのさし絵に対応させて「ぱん」を文字で書き表す。	⑤ なぞり書き、模写、視写などのワークシートを選択して進める。	⑤
⑥ ものの絵に「ぱん」の文字を合わせて名称を音声表現する。	⑥ 文字カードをはる、文字を書き入れるなどして音声表現する。	⑥

（2）「ぷりん」を中心に

活動の流れ	子どもの活動の姿	教材及び活用の仕方
① ものの絵からプリンの絵カードを取り出す。	① 「ぷりん」と発語したり絵のプリンを指さしたりして目の前のカードを取る。	①
② プリンの絵カードのついたランゲージパルで「ぷりん」を聞き分ける。	② 「ぷりん」を聞き分けながら音声模倣や言語模倣を繰り返す。	②

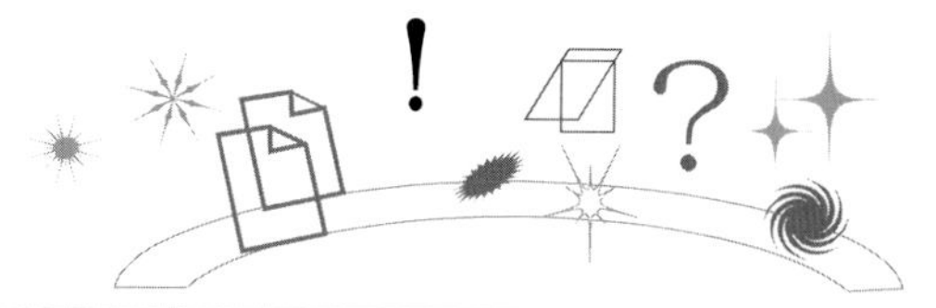

③　プリンの絵カードと文字カードを合わせる。	③　絵や文字を見て「ぷりん」と発語しながら文字カードを音節毎の枠に置く。	③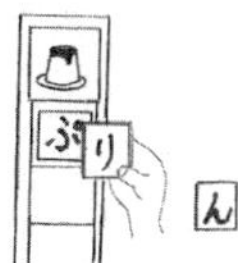
④　プリンの絵カードと単語カードを合わせる。	④　絵や単語を見て「ぷりん」と発語しながら単語カードを枠に置く。	④
⑤　プリンのさし絵に対応させて「ぷりん」を文字で書き表す。	⑤　なぞり書き、模写、視写などのワークシートを選択して進める。	⑤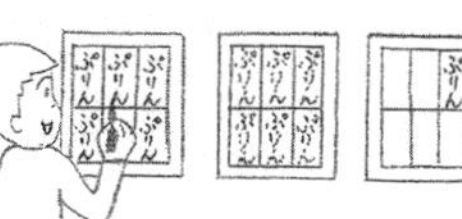
⑥　ものの絵に「ぷりん」の文字を合わせて名称を音声表現する。	⑥　文字カードをはる、文字を書き入れるなどして音声表現する。	⑥

（3）**「えんぴつ」を中心に**

活動の流れ	子どもの活動の姿	教材及び活用の仕方
①　ものの絵から鉛筆の絵カードを取り出す。	①　「えんぴつ」と発語したり絵の鉛筆を指さしたりして目の前のカードを取る。	①
②　鉛筆の絵カードのついたランゲージパルで「えんぴつ」を聞き分ける。	②　「えんぴつ」を聞き分けながら音声模倣や言語模倣を繰り返す。	②
③　鉛筆の絵カードと文字カードを合わせる。	③　絵や文字を見て「えんぴつ」と発語しながら文字カードを音節毎の枠に置く。	③
④　鉛筆の絵カードと単語カードを合わせる。	④　絵や単語を見て「えんぴつ」と発語しながら単語カードを枠に置く。	④
⑤　鉛筆のさし絵に対応させて「えんぴつ」を文字で書き表す。	⑤　なぞり書き、模写、視写などのワークシートを選択して進める。	⑤

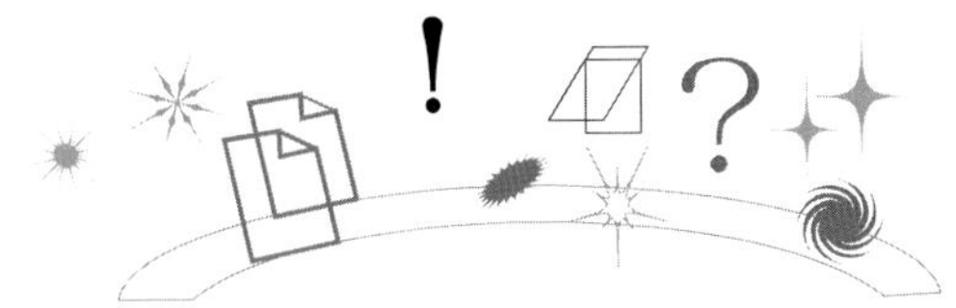

⑥　ものの絵に「えんぴつ」の文字を合わせて名称を音声表現する。	⑥　文字カードをはる、文字を書き入れるなどして音声表現する。	⑥ 

この段階の指導の進め方のポイント

○書くことが苦手な子どもには書くことに興味がもてるよう、次のようなことに気をつけて進める。
- フェルトペン、パス、ボールペン、色鉛筆等で自由に書かせる。
- 鉛筆の持ち方や筆圧の調節に慣れ親しませる。
- 書く方向や手首・腕の動かし方を意識しながら、線書き、形を書くこと、ぬり絵に取り組ませる。
- 始点、終点、方向、位置、点、画等を意識させて、難易度を高めながら直線、曲線、横・縦線等をなぞらせる。

促音の入る単語を中心にした読み書き　「こっぷ」「きっぷ」「ぽっと」「まっち」

1．「こっぷ」「きっぷ」「ぽっと」「まっち」を聞き分けたり、言語模倣したり、文字の読みや字形に触れたりする。

活動の流れ	子どもの活動の姿	教材及び活用の仕方
(1)　事物名称語を聞き分ける。	(1)　コップ、切符、ポット、マッチの名称を聞いて、ものを指さしたり絵カードを取ったりする。	(1)
(2)　コップ、切符、ポット、マッチの名称の音声模倣をする。	(2)　ものや絵カードを見て、音声模倣や言語模倣をする。	(2)
(3)　文字を読んだり字形の識別をしたりする。	(3)　文字を聞き分けたり読んだりしながら字形の識別をする。	(3)

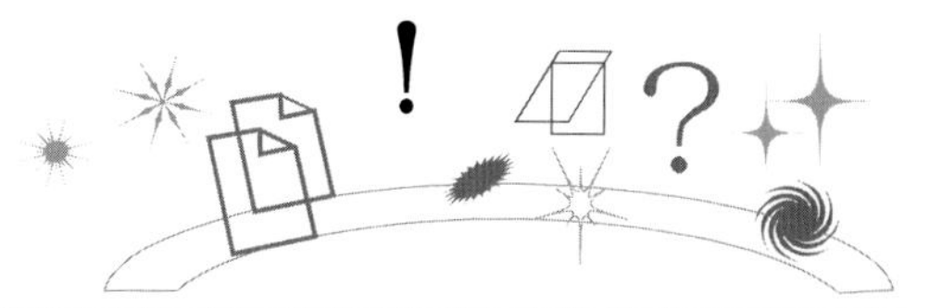

2．「こっぷ」「きっぷ」「ぽっと」「まっち」の文字を読んだり書いたりする。

（1）「こっぷ」を中心に

活動の流れ	子どもの活動の姿	教材及び活用の仕方
① ものの絵からコップの絵カードを取り出す。	① 「こっぷ」と発語したりものの絵のコップを指さしたりして目の前のカードを取る。	①
② コップの絵カードのついたランゲージパルで「こっぷ」を聞き分ける。	② 「こっぷ」を聞き分けながら音声模倣や言語模倣を繰り返す。	②
③ コップの絵カードと文字カードを合わせる。	③ 絵や文字を見て「こっぷ」と発語しながら文字カードを音節毎の枠に置く。	③
④ コップの絵カードと単語カードを合わせる。	④ 絵や単語を見て「こっぷ」と発語しながら単語カードを枠に置く。	④
⑤ コップのさし絵に対応させて「こっぷ」を文字で書き表す。	⑤ なぞり書き、模写、視写などのワークシートを選択して進める。	⑤
⑥ ものの絵に「こっぷ」の文字を合わせて名称を音声表現する。	⑥ 文字カードをはる、文字を書き入れるなどして音声表現する。	⑥

（2）「きっぷ」を中心に

活動の流れ	子どもの活動の姿	教材及び活用の仕方
① ものの絵から切符の絵カードを取り出す。	① 「きっぷ」と発語したりものの絵の切符を指さしたりして目の前のカードを取る。	①
② 切符の絵カードのついたランゲージパルで「きっぷ」を聞き分ける。	② 「きっぷ」を聞き分けながら音声模倣や言語模倣を繰り返す。	②

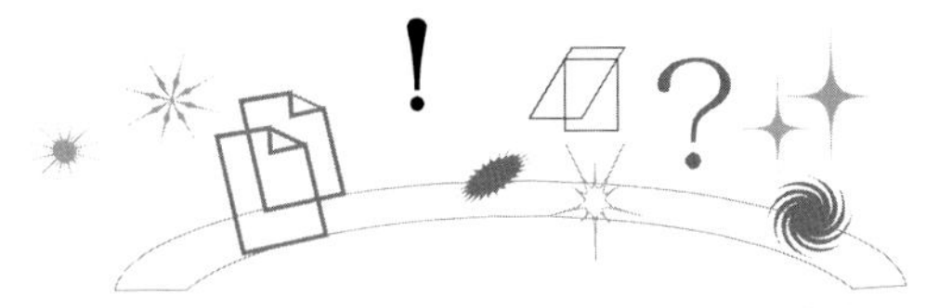

③ 切符の絵カードと文字カードを合わせる。	③ 絵や文字を見て「きっぷ」と発語しながら文字カードを音節毎の枠に置く。	③ 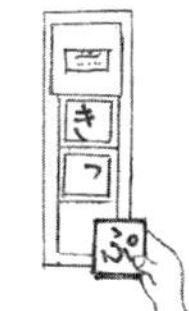 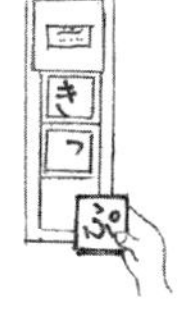
④ 切符の絵カードと単語カードを合わせる。	④ 絵や単語を見て「きっぷ」と発語しながら単語カードを枠に置く。	④
⑤ 切符のさし絵に対応させて「きっぷ」を文字で書き表す。	⑤ なぞり書き、模写、視写などのワークシートを選択して進める。	⑤ 
⑥ ものの絵に「きっぷ」の文字を合わせて名称を音声表現する。	⑥ 文字カードをはる、文字を書き入れるなどして音声表現する。	⑥

（3）「ぽっと」を中心に

活動の流れ	子どもの活動の姿	教材及び活用の仕方
① ものの絵からポットの絵カードを取り出す。	① 「ぽっと」と発語したりものの絵のポットを指さしたりして目の前のカードを取る。	①
② ポットの絵カードのついたランゲージパルで「ぽっと」を聞き分ける。	② 「ぽっと」を聞き分けながら音声模倣や言語模倣を繰り返す。	②
③ ポットの絵カードと文字カードを合わせる。	③ 絵や文字を見て「ぽっと」と発語しながら文字カードを音節毎の枠に置く。	③
④ ポットの絵カードと単語カードを合わせる。	④ 絵や単語を見て「ぽっと」と発語しながら単語カードを枠に置く。	④
⑤ ポットのさし絵に対応させて「ぽっと」を文字で書き表す。	⑤ なぞり書き、模写、視写などのワークシートを選択して進める。	⑤

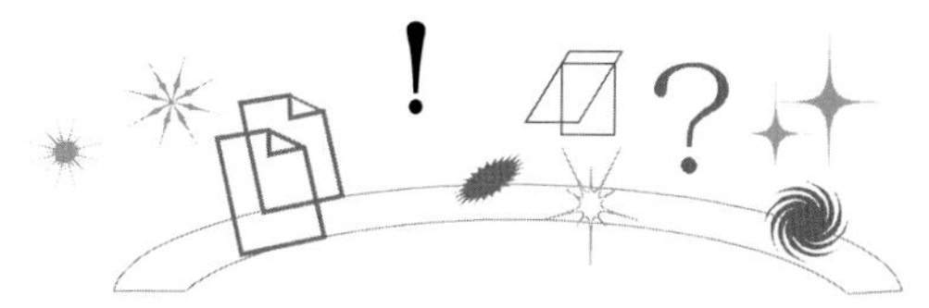

⑥　ものの絵に「ぽっと」の文字を合わせて名称を音声表現する。	⑥　文字カードをはる、文字を書き入れるなどして音声表現する。	⑥ 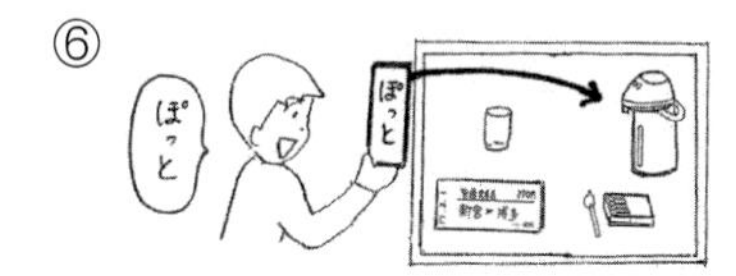

（4）「まっち」を中心に

活動の流れ	子どもの活動の姿	教材及び活用の仕方
①　ものの絵からマッチの絵カードを取り出す。	①　「まっち」と発語したりものの絵のマッチを指さしたりして目の前のカードを取る。	①
②　マッチの絵カードのついたランゲージパルで「まっち」を聞き分ける。	②　「まっち」を聞き分けながら音声模倣や言語模倣を繰り返す。	②
③　マッチの絵カードと文字カードを合わせる。	③　絵や文字を見て「まっち」と発語しながら文字カードを音節毎の枠に置く。	③
④　マッチの絵カードと単語カードを合わせる。	④　絵や単語を見て「まっち」と発語しながら単語カードを枠に置く。	④
⑤　マッチのさし絵に対応させて「まっち」を文字で書き表す。	⑤　なぞり書き、模写、視写などのワークシートを選択して進める。	⑤
⑥　ものの絵に「まっち」の文字を合わせて名称を音声表現する。	⑥　文字カードをはる、文字を書き入れるなどして音声表現する。	⑥

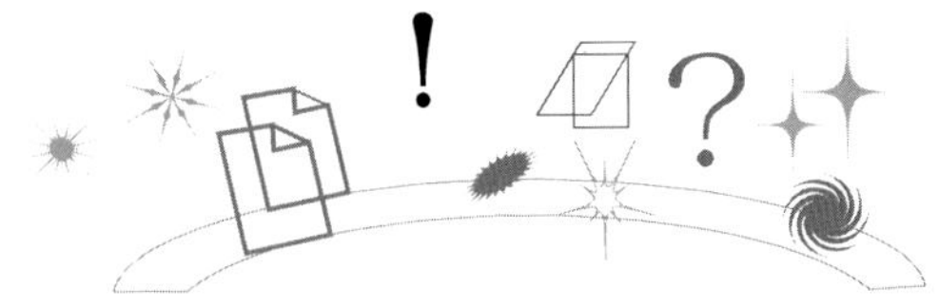

この段階の指導の進め方のポイント

○促音のつく単語を確かに読むためには次のことに気をつけて指導を進める。

- 促音のつく単語とつかない単語を取り出し、促音を意識した読みを繰り返しさせる。

例：まっち→まち　かっぷ→かぶ　はっぱ→はは　ぱっと→はと

まっ	ま	かっ	か	はっ	は	ぱっ	は
ち	ち	ぷ	ぶ	ぱ	は	と	と

- 促音のある文を聞いて言語表現する。

○促音のつく単語を確かに書かせるときは、次の点に気をつけて段階的に進める。

- 視写させて促音のつく部位を強調する。
- 促音のつく単語のある文を聞いて聴写する。

読み	書き
まっ	ま
ち	っ
	ち

拗音の入る単語を中心にした読み書き　「おちゃ」「ちゃわん」「きしゃ」「でんしゃ」

1.「おちゃ」「ちゃわん」「きしゃ」「でんしゃ」を聞き分けたり、言語模倣したり、文字の読みや字形に触れたりする。

活動の流れ	子どもの活動の姿	教材及び活用の仕方
(1) 事物名称語を聞き分ける。	(1) お茶、茶碗、汽車、電車の名称を聞いて、ものを指さしたり絵カードを取ったりする。	(1)
(2) お茶、茶碗、汽車、電車の名称の音声模倣をする。	(2) ものや絵カードを見て、音声模倣や言語模倣をする。	(2)
(3) 文字を読んだり字形の識別をしたりする。	(3) 文字を聞き分けたり読んだりしながら字形の識別をする。	(3)

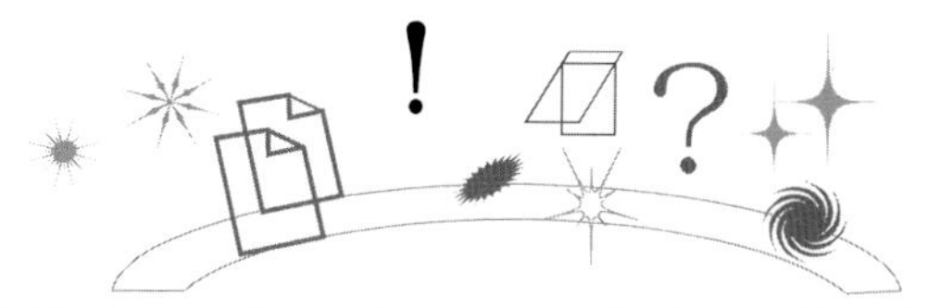

2．「おちゃ」「ちゃわん」「きしゃ」「でんしゃ」の文字を読んだり書いたりする。

(1)「おちゃ」を中心に

活動の流れ	子どもの活動の姿	教材及び活用の仕方
①　ものの絵からお茶の絵カードを取り出す。	①　「おちゃ」と発語したりものの絵のお茶を指さしたりして目の前のカードを取る。	① 
②　お茶の絵カードのついたランゲージパルで「おちゃ」を聞き分ける。	②　「おちゃ」を聞き分けながら音声模倣や言語模倣を繰り返す。	② 
③　お茶の絵カードと文字カードを合わせる。	③　絵や文字を見て「おちゃ」と発語しながら文字カードを音節毎の枠に置く。	③ 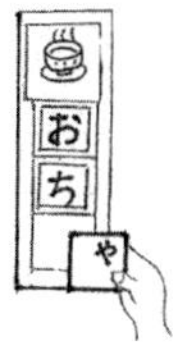
④　お茶の絵カードと単語カードを合わせる。	④　絵や単語を見て「おちゃ」と発語しながら単語カードを枠に置く。	④ 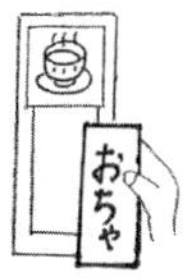
⑤　お茶のさし絵に対応させて「おちゃ」を文字で書き表す。	⑤　なぞり書き、模写、視写などのワークシートを選択して進める。	⑤ 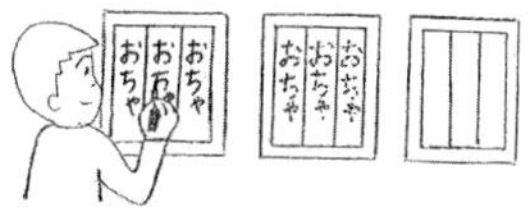
⑥　ものの絵に「おちゃ」の文字を合わせて名称を音声表現する。	⑥　文字カードをはる、文字を書き入れるなどして音声表現する。	⑥ 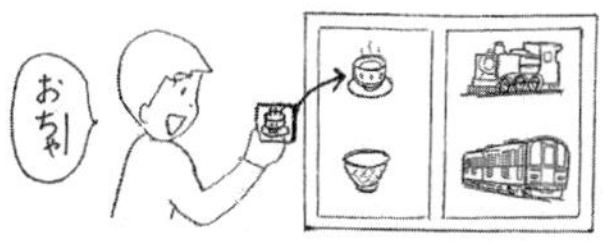

(2)「ちゃわん」を中心に

活動の流れ	子どもの活動の姿	教材及び活用の仕方
①　ものの絵から茶碗の絵カードを取り出す。	①　「ちゃわん」と発語したりものの絵の茶碗を指さしたりして目の前のカードを取る。	① 
②　茶碗の絵カードのついたランゲージパルで「ちゃわん」を聞き分ける。	②　「ちゃわん」を聞き分けながら音声模倣や言語模倣を繰り返す。	② 

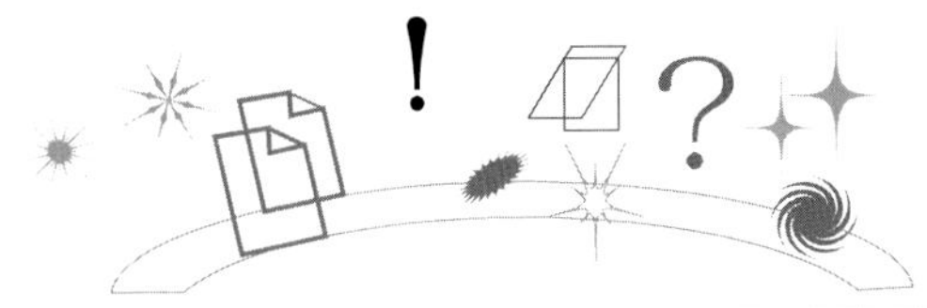

③　茶碗の絵カードと文字カードを合わせる。	③　絵や文字を見て「ちゃわん」と発語しながら文字カードを音節毎の枠に置く。	③ 
④　茶碗の絵カードと単語カードを合わせる。	④　絵や単語を見て「ちゃわん」と発語しながら単語カードを枠に置く。	④ 
⑤　茶碗のさし絵に対応させて「ちゃわん」を文字で書き表す。	⑤　なぞり書き、模写、視写などのワークシートを選択して進める。	⑤ 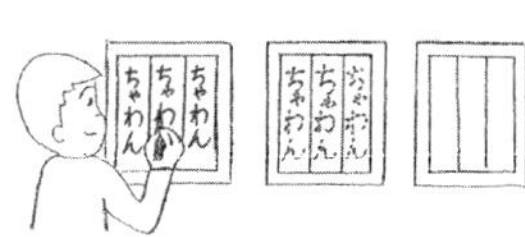
⑥　ものの絵に「ちゃわん」の文字を合わせて名称を音声表現する。	⑥　文字カードをはる、文字を書き入れるなどして音声表現する。	⑥ 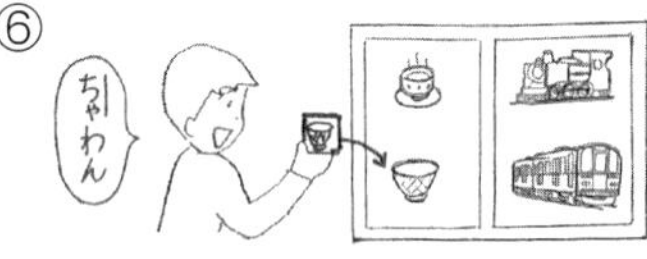

（3）**「きしゃ」を中心に**

活動の流れ	子どもの活動の姿	教材及び活用の仕方
①　ものの絵から汽車の絵カードを取り出す。	①　「きしゃ」と発語したりものの絵の汽車を指さしたりして目の前のカードを取る。	①
②　汽車の絵カードのついたランゲージパルで「きしゃ」を聞き分ける。	②　「きしゃ」を聞き分けながら音声模倣や言語模倣を繰り返す。	②
③　汽車の絵カードと文字カードを合わせる。	③　絵や文字を見て「きしゃ」と発語しながら文字カードを音節毎の枠に置く。	③
④　汽車の絵カードと単語カードを合わせる。	④　絵や単語を見て「きしゃ」と発語しながら単語カードを枠に置く。	④
⑤　汽車のさし絵に対応させて「きしゃ」を文字で書き表す。	⑤　なぞり書き、模写、視写などのワークシートを選択して進める。	⑤

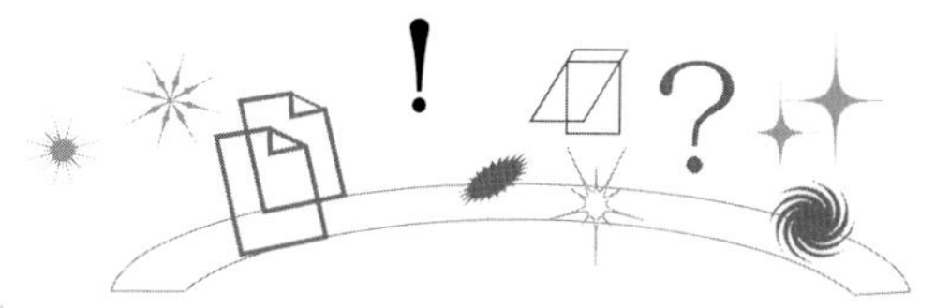

⑥　ものの絵に「きしゃ」の文字を合わせて名称を音声表現する。	⑥　文字カードをはる、文字を書き入れるなどして音声表現する。	⑥ 

（4）「でんしゃ」を中心に

活動の流れ	子どもの活動の姿	教材及び活用の仕方
①　ものの絵から電車の絵カードを取り出す。	①　「でんしゃ」と発語したりものの絵の電車を指さしたりして目の前のカードを取る。	①
②　電車の絵カードのついたランゲージパルで「でんしゃ」を聞き分ける。	②　「でんしゃ」を聞き分けながら音声模倣や言語模倣を繰り返す。	②
③　電車の絵カードと文字カードを合わせる。	③　絵や文字を見て「でんしゃ」と発語しながら文字カードを音節毎の枠に置く。	③
④　電車の絵カードと単語カードを合わせる。	④　絵や単語を見て「でんしゃ」と発語しながら単語カードを枠に置く。	④
⑤　電車のさし絵に対応させて「でんしゃ」を文字で書き表す。	⑤　なぞり書き、模写、視写などのワークシートを選択して進める。	⑤
⑥　ものの絵に「でんしゃ」の文字を合わせて名称を音声表現する。	⑥　文字カードをはる、文字を書き入れるなどして音声表現する。	⑥

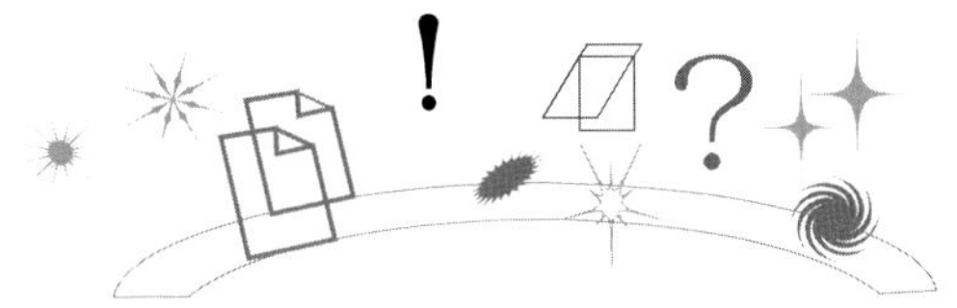

この段階の指導の進め方のポイント

○確かに読ませるために、音節を意識して読ませる。

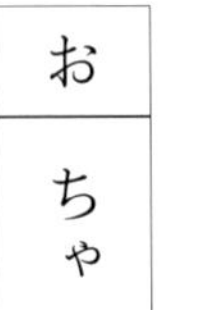

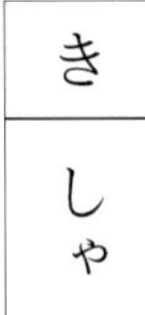

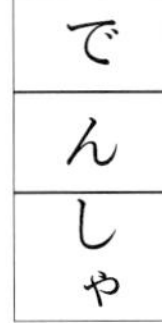

○表記を確かにするために文字の位置を意識させて書かせる。

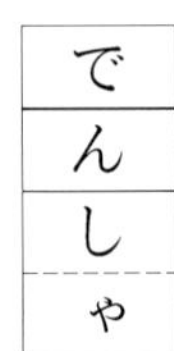

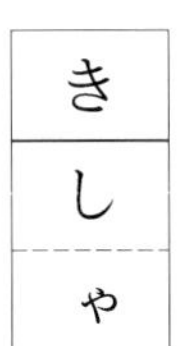

拗長音の入る単語を中心にした読み書き　「ちゅうしゃ」「ぎゅうにゅう」「ちょうちょう」

1．「ちゅうしゃ」「ぎゅうにゅう」「ちょうちょう」を聞き分けたり、言語模倣したり、文字の読みや字形に触れたりする。

活動の流れ	子どもの活動の姿	教材及び活用の仕方
⑴　事物名称語を聞き分ける。	⑴　注射、牛乳、蝶々の名称を聞いて、ものを指さしたり絵カードを取ったりする。	⑴
⑵　注射、牛乳、蝶々の名称の音声模倣をする。	⑵　ものや絵カードを見て、音声模倣や言語模倣をする。	⑵
⑶　文字を読んだり字形の識別をしたりする。	⑶　文字を聞き分けたり読んだりしながら字形の識別をする。	⑶

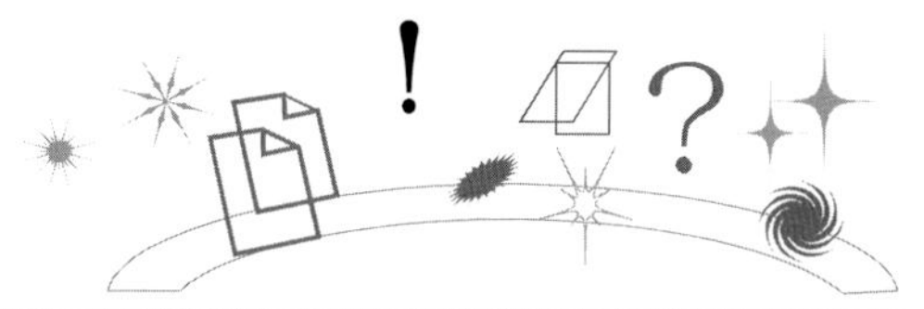

2．「ちゅうしゃ」「ぎゅうにゅう」「ちょうちょう」の文字を読んだり書いたりする。

（1）「ちゅうしゃ」を中心に

活動の流れ	子どもの活動の姿	教材及び活用の仕方
①　ものの絵から注射の絵カードを取り出す。	①　「ちゅうしゃ」と発語したりものの絵の注射を指さしたりして目の前のカードを取る。	① 
②　注射の絵カードのついたランゲージパルで「ちゅうしゃ」を聞き分ける。	②　「ちゅうしゃ」を聞き分けながら音声模倣や言語模倣を繰り返す。	② 
③　注射の絵カードと文字カードを合わせる。	③　絵や文字を見て「ちゅうしゃ」と発語しながら文字カードを音節毎の枠に置く。	③ 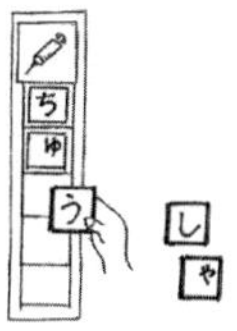
④　注射の絵カードと単語カードを合わせる。	④　絵や単語を見て「ちゅうしゃ」と発語しながら単語カードを枠に置く。	④ 
⑤　注射のさし絵に対応させて「ちゅうしゃ」を文字で書き表す。	⑤　なぞり書き、模写、視写などのワークシートを選択して進める。	⑤ 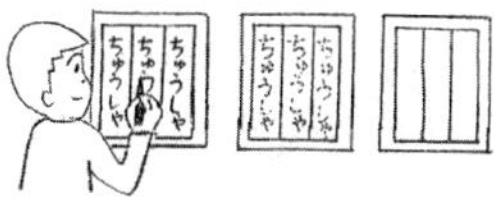
⑥　ものの絵に「ちゅうしゃ」の文字を合わせて名称を音声表現する。	⑥　文字カードをはる、文字を書き入れるなどして音声表現する。	⑥ 

（2）「ぎゅうにゅう」を中心に

活動の流れ	子どもの活動の姿	教材及び活用の仕方
①　ものの絵から牛乳の絵カードを取り出す。	①　「ぎゅうにゅう」と発語したりものの絵の牛乳を指さしたりして目の前のカードを取る。	① 
②　牛乳の絵カードのついたランゲージパルで「ぎゅうにゅう」を聞き分ける。	②　「ぎゅうにゅう」を聞き分けながら音声模倣や言語模倣を繰り返す。	② 

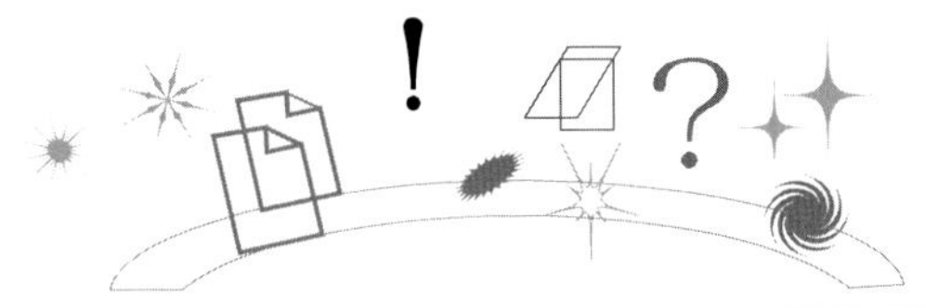

③　牛乳の絵カードと文字カードを合わせる。	③　絵や文字を見て「ぎゅうにゅう」と発語しながら文字カードを音節毎の枠に置く。	③
④　牛乳の絵カードと単語カードを合わせる。	④　絵や単語を見て「ぎゅうにゅう」と発語しながら単語カードを枠に置く。	④ 
⑤　牛乳のさし絵に対応させて「ぎゅうにゅう」を文字で書き表す。	⑤　なぞり書き、模写、視写などのワークシートを選択して進める。	⑤ 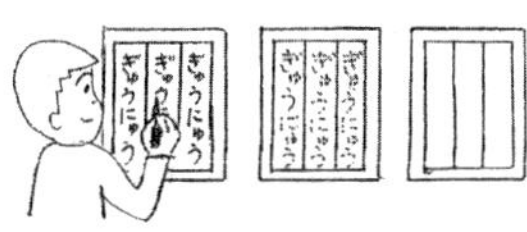
⑥　ものの絵に「ぎゅうにゅう」の文字を合わせて名称を音声表現する。	⑥　文字カードをはる、文字を書き入れるなどして音声表現する。	⑥ 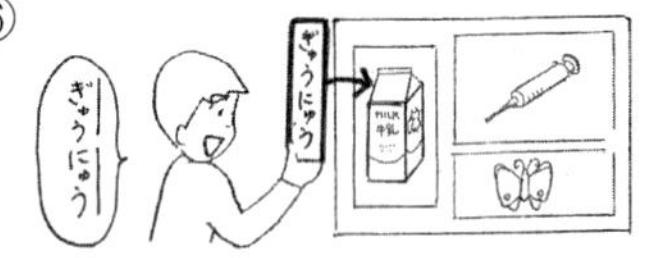

（3）「**ちょうちょう**」**を中心に**

活動の流れ	子どもの活動の姿	教材及び活用の仕方
①　ものの絵から蝶々の絵カードを取り出す。	①　「ちょうちょう」と発語したりものの絵の蝶々を指さしたりして目の前のカードを取る。	①
②　蝶々の絵カードのついたランゲージパルで「ちょうちょう」を聞き分ける。	②　「ちょうちょう」を聞き分けながら音声模倣や言語模倣を繰り返す。	②
③　蝶々の絵カードと文字カードを合わせる。	③　絵や文字を見て「ちょうちょう」と発語しながら文字カードを音節毎の枠に置く。	③
④　蝶々の絵カードと単語カードを合わせる。	④　絵や単語を見て「ちょうちょう」と発語しながら単語カードを枠に置く。	④

⑤　蝶々のさし絵に対応させて「ちょうちょう」を文字で書き表す。	⑤　なぞり書き、模写、視写などのワークシートを選択して進める。	⑤ 
⑥　ものの絵に「ちょうちょう」の文字を合わせて名称を音声表現する。	⑥　文字カードをはる、文字を書き入れるなどして音声表現する。	⑥ 

この段階の指導の進め方のポイント

○拗短音、拗長音の読みの違いをつかませるための指導は、次の点に気をつけて進める。

- 拗短音、拗長音のある単語とない単語の読みをとらえ、表記を識別する。

読む	書く	読む	書く
ちょう	ち	お	お
ちょう	ょ	ちゃ	ち
	う		ゃ
	ち		
	ょ		
	う		

○拗短音、拗長音を確かに書かせるためには、次の点に気をつけて進める。

- 拗短音、拗長音が語中・語尾にある単語を聞き分けさせ、音声表現させた上で書き表させる。

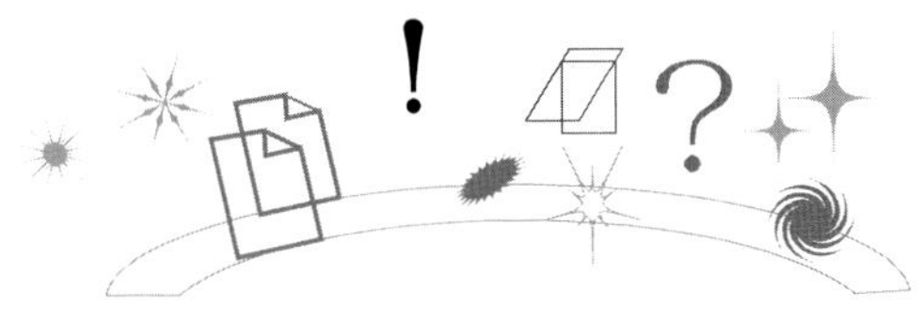

長音の入る単語を中心にした読み書き　「おとうさん」「おかあさん」「おじいさん」「おばあさん」

1．「おとうさん」「おかあさん」「おじいさん」「おばあさん」を聞き分けたり、言語模倣したり、文字の読みや字形に触れたりする。

活動の流れ	子どもの活動の姿	教材及び活用の仕方
(1)　家族の呼称を聞き分ける。	(1)　お父さん、お母さん、お祖父さん、お祖母さんの名称を聞いて、家族を指さしたり絵カードを取ったりする。	(1)
(2)　お父さん、お母さん、お祖父さん、お祖母さんの名称の音声模倣をする。	(2)　家族の絵や絵カードを見て、音声模倣や言語模倣をする。	(2)
(3)　文字を読んだり字形の識別をしたりする。	(3)　文字を聞き分けたり読んだりしながら字形の識別をする。	(3)

2．「おとうさん」「おかあさん」「おじいさん」「おばあさん」の文字を読んだり書いたりする。

（1）「おとうさん」を中心に

活動の流れ	子どもの活動の姿	教材及び活用の仕方
①　家族の絵からお父さんの絵カードを取り出す。	①　「おとうさん」と発語したり家族の絵のお父さんを指さしたりして目の前のカードを取る。	①
②　お父さんの絵カードのついたランゲージパルで「おとうさん」を聞き分ける。	②　「おとうさん」を聞き分けながら音声模倣や言語模倣を繰り返す。	②
③　お父さんの絵カードと文字カードを合わせる。	③　絵や文字を見て「おとうさん」と発語しながら文字カードを音節毎の枠に置く。	③
④　お父さんの絵カードと単語カードを合わせる。	④　絵や単語を見て「おとうさん」と発語しながら単語カードを枠に置く。	④

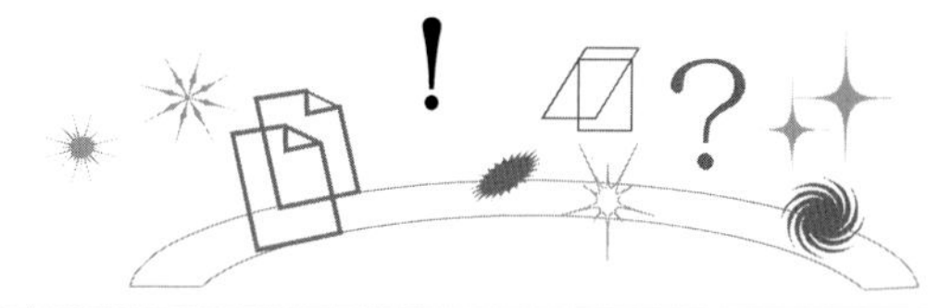

⑤　お父さんのさし絵に対応させて「おとうさん」を文字で書き表す。	⑤　なぞり書き、模写、視写などのワークシートを選択して進める。	⑤ 
⑥　家族の絵に「おとうさん」の文字を合わせて名称を音声表現する。	⑥　文字カードをはる、文字を書き入れるなどして音声表現する。	⑥

（2）「**おかあさん**」**を中心に**

活動の流れ	子どもの活動の姿	教材及び活用の仕方
①　家族の絵からお母さんの絵カードを取り出す。	①　「おかあさん」と発語したり家族の絵のお母さんを指さしたりして目の前のカードを取る。	①
②　お母さんの絵カードのついたランゲージパルで「おかあさん」を聞き分ける。	②　「おかあさん」を聞き分けながら音声模倣や言語模倣を繰り返す。	②
③　お母さんの絵カードと文字カードを合わせる。	③　絵や文字を見て「おかあさん」と発語しながら文字カードを音節毎の枠に置く。	③
④　お母さんの絵カードと単語カードを合わせる。	④　絵や単語を見て「おかあさん」と発語しながら単語カードを枠に置く。	④
⑤　お母さんのさし絵に対応させて「おかあさん」を文字で書き表す。	⑤　なぞり書き、模写、視写などのワークシートを選択して進める。	⑤
⑥　家族の絵に「おかあさん」の文字を合わせて名称を音声表現する。	⑥　文字カードをはる、文字を書き入れるなどして音声表現する。	⑥

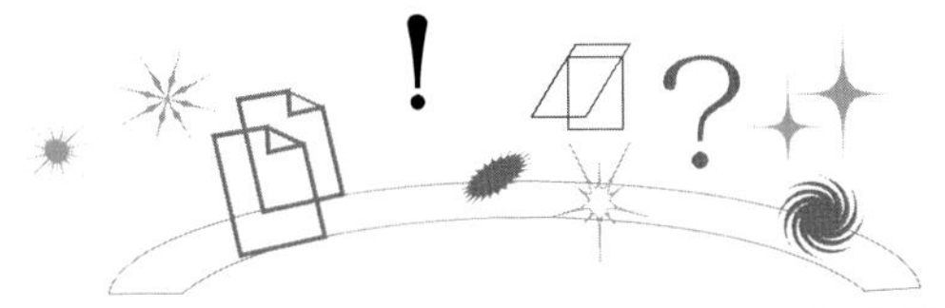

（3）「おじいさん」を中心に

活動の流れ	子どもの活動の姿	教材及び活用の仕方
①　家族の絵からお祖父さんの絵カードを取り出す。	①　「おじいさん」と発語したり家族の絵のお祖父さんを指さしたりして目の前のカードを取る。	① 
②　お祖父さんの絵カードのついたランゲージパルで「おじいさん」を聞き分ける。	②　「おじいさん」を聞き分けながら音声模倣や言語模倣を繰り返す。	② 
③　お祖父さんの絵カードと文字カードを合わせる。	③　絵や文字を見て「おじいさん」と発語しながら文字カードを音節毎の枠に置く。	③ 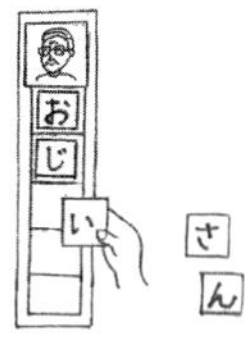
④　お祖父さんの絵カードと単語カードを合わせる。	④　絵や単語を見て「おじいさん」と発語しながら単語カードを枠に置く。	④ 
⑤　お祖父さんのさし絵に対応させて「おじいさん」を文字で書き表す。	⑤　なぞり書き、模写、視写などのワークシートを選択して進める。	⑤ 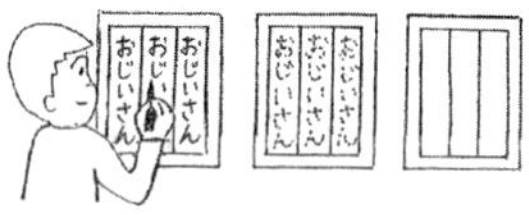
⑥　家族の絵に「おじいさん」の文字を合わせて名称を音声表現する。	⑥　文字カードをはる、文字を書き入れるなどして音声表現する。	⑥ 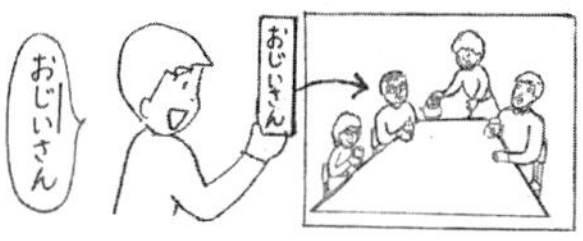

（4）「おばあさん」を中心に

活動の流れ	子どもの活動の姿	教材及び活用の仕方
①　家族の絵からお祖母さんの絵カードを取り出す。	①　「おばあさん」と発語したり家族の絵のお祖母さんを指さしたりして目の前のカードを取る。	① 
②　お祖母さんの絵カードのついたランゲージパルで「おばあさん」を聞き分ける。	②　「おばあさん」を聞き分けながら音声模倣や言語模倣を繰り返す。	② 

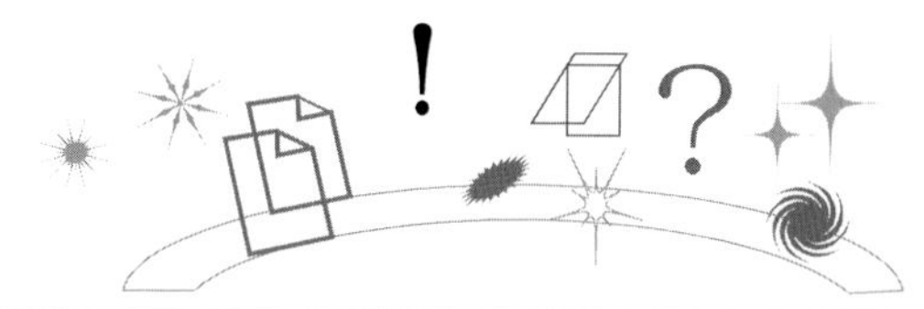

③　お祖母さんの絵カードと文字カードを合わせる。	③　絵や文字を見て「おばあさん」と発語しながら文字カードを音節毎の枠に置く。	③ 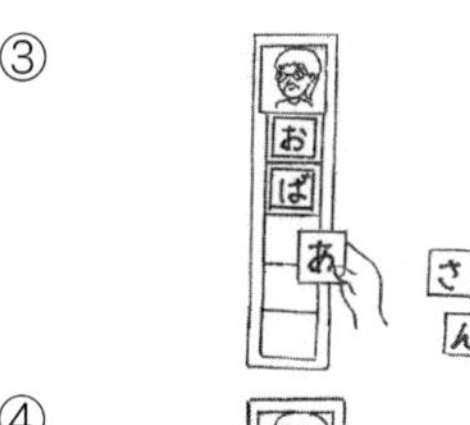
④　お祖母さんの絵カードと単語カードを合わせる。	④　絵や単語を見て「おばあさん」と発語しながら単語カードを枠に置く。	④ 
⑤　お祖母さんのさし絵に対応させて「おばあさん」を文字で書き表す。	⑤　なぞり書き、模写、視写などのワークシートを選択して進める。	⑤ 
⑥　家族の絵に「おばあさん」の文字を合わせて名称を音声表現する。	⑥　文字カードをはる、文字を書き入れるなどして音声表現する。	⑥ 

この段階の指導の進め方のポイント

○長音の読みの違いをつかませるときは、次の点に気をつけて指導を進める。

- 長音のある単語とない単語との読みの違いをとらえさせて表記を識別させるようにする。

例：ちず→ちいず　　　かど→かあど

ち	ちい	か	かあ
ず	ず	ど	ど

4．子ども一人一人の学び方にそった指導

学習過程について

⑴　基本的な学習過程

○ねらい

文字に初めて出会う子どもたちが、生活に身近にあるものの名称を受け入れ、読み書きに親しんでいくこと

○中心となる流れ

- 身近にあるものを取り出す活動→ものの名称を聞き分ける活動→ものの名称と合わせて文字を読む活動→ものの名称を読んでものと合わせる活動→ものの名称を書く活動

	ものの取り出し　→	聞き分け　→	音声化（文字→単語）		→　文字化
活動の流れ	○ことばを取り出す →	○ものと音声（文字）を結ぶ →	○音声と文字を結ぶ →	○ものの名称を文字や音声で表す →	○文字ことばで書き表す
子どもの活動の姿	○場面絵の中から絵カードを取り出したり具体物と対応したりする。 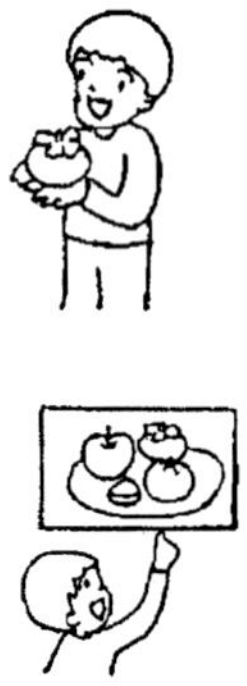	○ものの名称を聞き分けながら口形模倣や音声模倣、言語模倣をする。 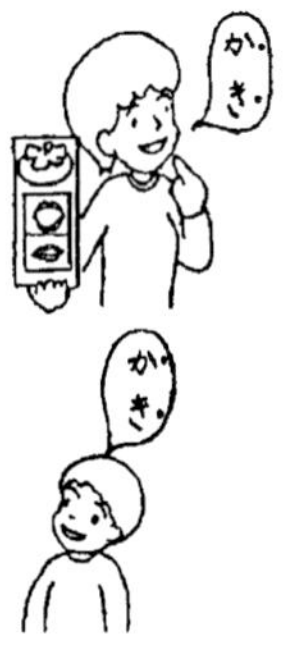	○ものの名称を言いながら文字カードを取り出し単語を構成する。 	○絵や単語カードを読んでものの名称を表現する。 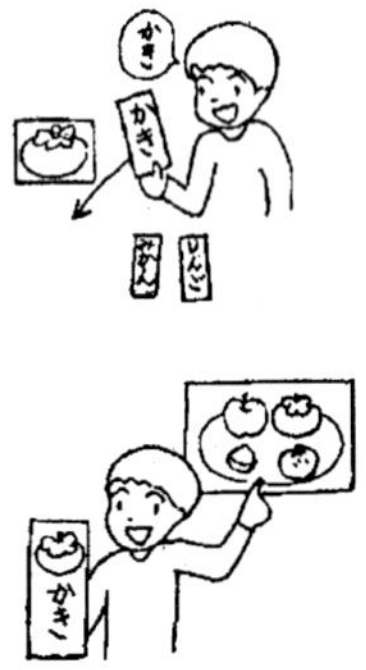	○ものの絵を見てものの名称を文字で書き表す。 
指導を強調するところ	●ものの名称を聞き分け具体物や絵カードを取り出させる。 ●具体物や絵の名称を言語模倣させる。	●確かに聞き分けさせて音節を意識して発語させる。 ●繰り返し言語模倣させる。 	●繰り返しものの名称を発語させて文字を選ばせる。 ●語頭を意識させたり文字の並びを確かめさせていく。	●繰り返し読ませ単語をまとまりで読むようにさせる。	●筆順通りに自分で書けるまでなぞり書きや視写など反復練習をさせる。 ●音声化させながら書かせる。
教材	●具体物 ●絵カード ●場面絵	●ランゲージパル ●絵カード	●音節カード ●文字カード	●単語カード ●絵カード	●ワークシート

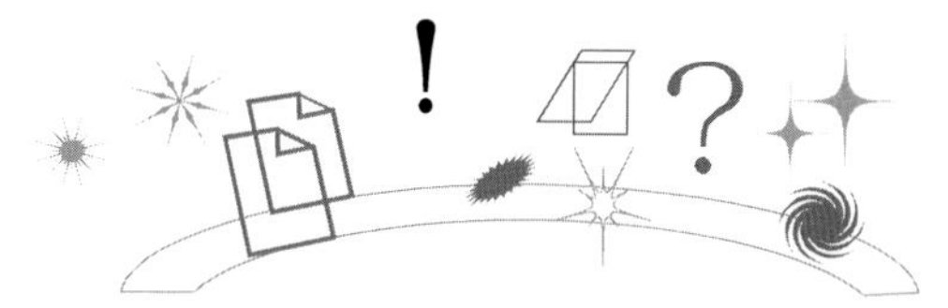

⑵　子どもの学びにそった学習過程の工夫

子ども一人一人のことばの習得の段階はそれぞれ違う。詳しく見ると、意味理解はあるが発語につまずきのある子ども、ものの理解や行動理解はあるがものの名称を聞き分けることが困難な子ども、文字の識別はできやすいが読むことに抵抗をもつ子ども、文字を視写することはできるが読むことが困難な子どもなど、発達の様相も様々である。

このような子どもたちには、語いを習得する、発語を促す、文字の読み書きを重視するなどの活動を強調していく指導が必要である。

＜語いを習得することをねらいとした学習過程＞

① ことばを取り出す → ② ものの名称を聞き分ける → ③ ものと挿絵を合わせ名称を発語する

①
- ○具体物と具体物、具体物と絵カードを対応させる。
- ○具体物や挿絵に対応させてものの名称を聞き分けながら口形模倣や口声模倣、音声模倣をする。

②
- ○ものの名称を聞き分けながら口形、口声模倣、音声模倣をする。
- ○ものの名称を聞き分け、具体物や絵カードを取り出す。

③
- ○場面絵に挿絵を対応させる。
- ○挿絵を見て発語や言語模倣をする。

＜発語を促すことにねらいをもたせた学習過程＞

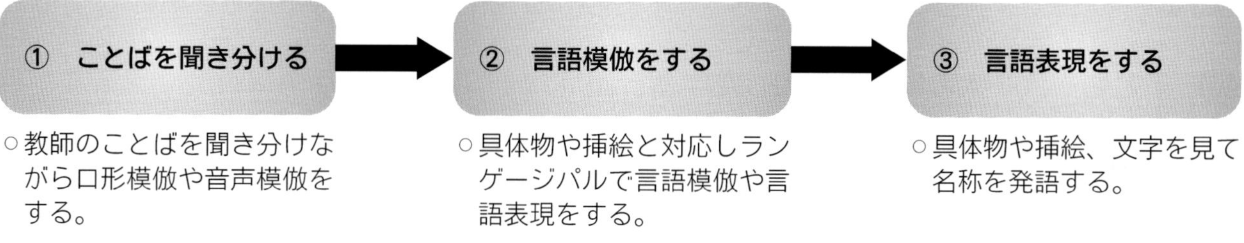

＜文字の読みを習得することにねらいをもたせた学習過程＞

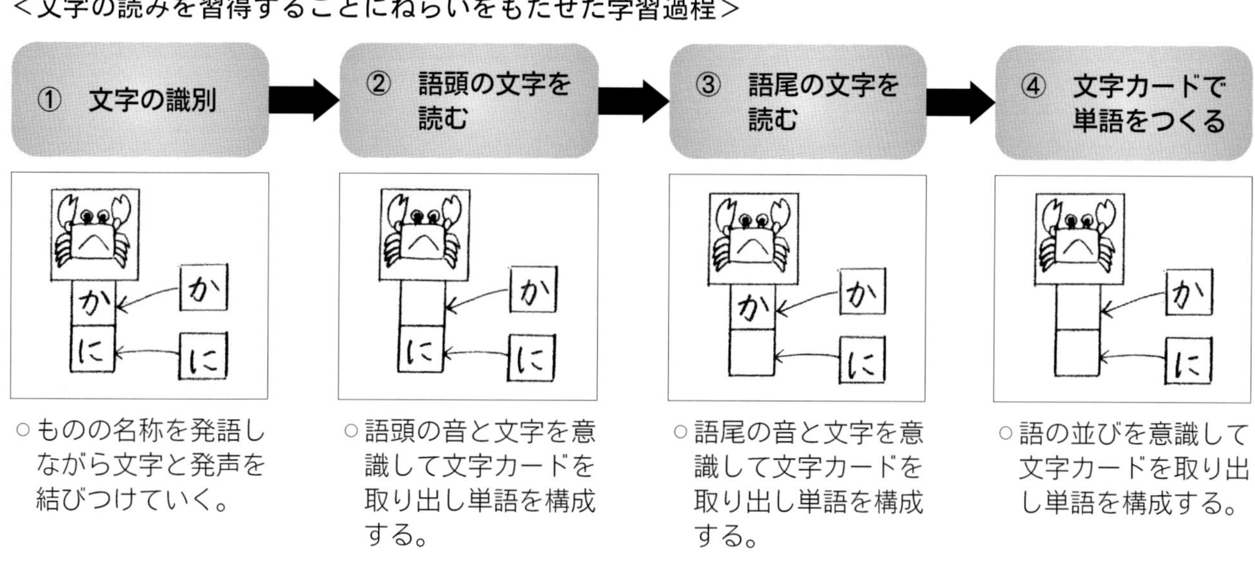

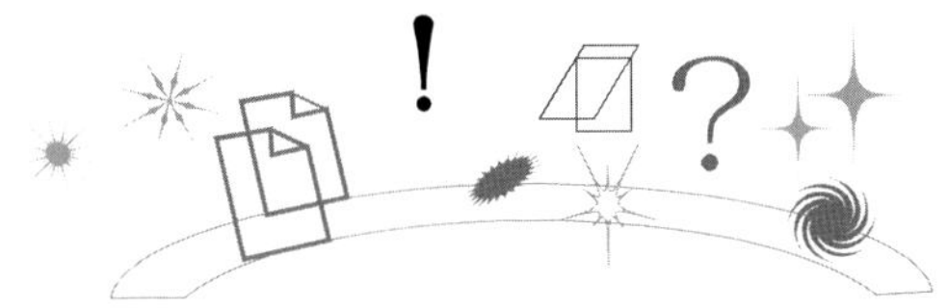

<文字を書くことにねらいをもたせた学習過程>

① 文字で単語を構成する → **② ものの名称を文字で書き表す** → **③ 聴写したり単語を記銘したりして書く**

①
○繰り返しものの名称を発語し文字を選ぶ。
○文字の並びを意識して単語を構成する。

②
○音声化しながら絵を見てものの名称を文字で書き表す。
○繰り返し発語しながら語の並びを意識してものの名称を書く。

③
○ものの名称を聞いた通りに書く。
○単語を読んで記銘して書く。

○一つの文字を書き始めるときの指導

- 始点、筆順などを意識しながら補助されて書く。
- 始点や書き始めを意識しながらなぞり書きをする。
- 下敷きなどにして模写する。
- 視写する。

○単語を書くときの指導

- 単語を読みながら文字のなぞり書きをする。
- 挿絵を見て名称を発語しながら語頭の文字を書いて語尾をなぞる。
- 挿絵を見て名称を発語しながら単語を書く。
- 単語を聴写する。
- 単語を読んで記銘していく。

子ども一人一人の学び方に則した学習計画

⑴ 学習計画の配慮事項

学習計画は、子どもの学びにそって柔軟に立てていくことが大切である。子どもが満足感や達成感を実感し、次の学習に期待をもてるような能動的な学習にしていくために、次のようなことを考慮して学習計画を立てる必要がある。

○自分なりに学習内容を習得していけるように語いの習得や読み書きの状況をふまえ、スモールステップの内容を設定すること
○それぞれの段階で確かに学習内容を習得できるようにしておくこと
○学習のプロセスで満足感や達成感が得られるように、学習のスピードをふまえた適切な活動量にしておくこと
○活動に見通しをもち、活動の手順をつかみ、能動的な活動が得られるように繰り返しの活動ができるようにしておくこと
○具体的な計画を策定し、子どもが学習の現在地や目的地を見とれるようにしておくこと
○毎時間の学習の足跡が残り、学習の結果が積み重ねられていくよう配列していくこと
○子ども一人一人の学習を大切にしていくので、クラス全体でこの学習を取り入れる場合には全体で取り組むように単元化し、個別の教材になるようにすること
○子どもの学習内容の習得の状況によって学習内容を段階的に配列するが、学習時間は仮とし、子どもの学習のスピードにそって進めていくようにすること

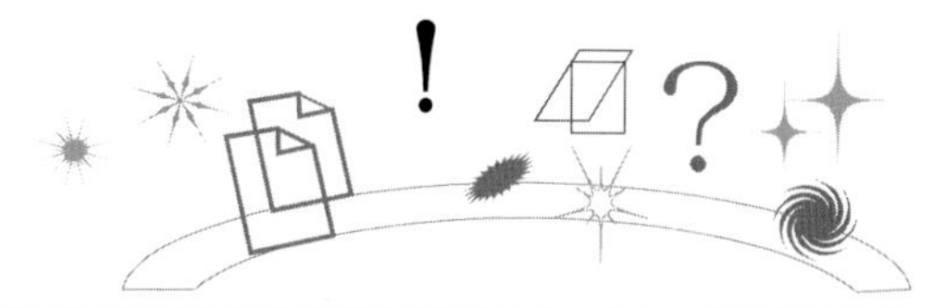

(2) 子ども一人一人の学び方にそった学習計画の例

語い習得の段階で発語が困難で学習の速度がゆっくりした子ども	語い習得の段階で、読み書きを確かにしていく子ども	語いは習得しており、読み書きを主たるねらいとしていく子ども
(1) 「め」を中心に (2) 「は」を中心に (3) 「て」を中心に (4) 「みみ」を中心に ※一語ずつていねいに指導する。	(1) 「め」と「は」を中心に (2) 「て」と「みみ」を中心に (3) 「あし」と「あたま」を中心に (4) 「かお」と「かた」を中心に ※二語程度を一緒に取りあげて進める。	(1) 「め」「は」「て」「みみ」を中心に (2) 「き」「か」「ひ」「と」を中心に (3) 「え」「ゆ」「もも」を中心に (4) 「あし」「あたま」「かお」「かた」を中心に ※一つの段階をまとめて指導する。

教材の工夫

学習内容の習得を容易にし、学び方を高めるための教材の果たす役割は大きい。つまり、教材には学習内容と学び方の意味が含まれている。

自ら学習内容を習得していくようにするためには、次のような教材を考える。

○**成就感をもたせるために学習がまとまるように学習のプロセスを表現物にできるようにしておく。目的意識をもって取り組ませ、達成するものを明確にする。**
- 単元「ことばファイルをつくろう」：取り組んだワークシートをとじるようにしておく。
- 単元「ことばのえほんをつくろう」：挿絵に文字や単語を書き入れたものを完成させて、絵本をとじる。

○**自ら学習を進めていき、学習の所在地や次の学習が見とれるように学習計画を個別に用意しておく。**

○**学習に見通しをもち、自らが学習を進めていけるように教材を分かりやすく提示しておく。**

○**ことばにひたって自らねらいとする学習内容を習熟していくように教材を用意する。**
- 次々に文字を書いていくようにワークシートを段階的に数枚用意する。
- 繰り返し文字や単語を読んでいくように文字カードや単語カードを何枚も用意する。

○**課題（教材）を自分で選択できるようにしておく。**

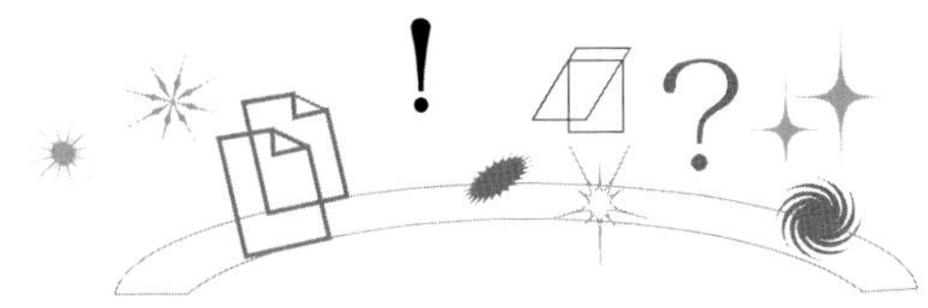

○ **教材作成にあたっては、次のことを考慮する。**

- ねらいとする学習内容を容易に習得できる最適な教材を作成する。
- 活動後に正誤を見直していつでも修正でき、試行錯誤できるようにしておく。
- 達成したことの喜びを感じ取ることができるようにする。
- 活動を繰り返すことができる。
- 操作性がある。
- ものと音、文字を結びつけやすくする。

第3章

ことばファイルをつくろう

子ども一人一人の学習のスピードやことばの習得の様相にそって学習内容を取りあげ、子どものことばの習得の段階で学習を進める。学習したことがその子どものことばファイルとしてまとめられていくようにする。

容易に学習内容を習得できるように細かいステップで学習段階を設定する。一段階ごとに教材本と教材教具を用意し、達成感や満足感を得ながら学習を進められるようにする。

❏学級の子どもたちのことばの習得の状況

本学級の子どもたちは、1年生1名、3年生4名、6年生1名の計6名で構成されている。一人一人の習得していることばの数や日常使うことばの内容も子どもによって大きく異なるし、個人内差も大きい。

ことばの意味理解について見てみると、自分の生活に身近なものやことと名称がだいたいつながっているものが多く、実物ばかりでなく写真や絵でも意味はとらえることができる。課題は書いてある通り（書いた通り）に読むこと（読み取ること）や、話しことばと書いたことばが整合しないことがあることなどがあげられる。

話しことばについては、発達性の言語障害で簡単な身振りで意思を表し喃語で応答する子ども、発声発語が不明瞭で音節が入れ替わったり抜けたりする子ども、単語中心で意思の疎通をする子ども、二、三語文程度で印象に残ったことや自分中心の事柄を話す子どもなどがいて、話したいことと実際に話したことばがずれることがある。

文字などの書きことばについては、なぞり書きをする子ども、始点や終点をはっきりすると知っている文字を書く子ども、お手本を見て書く子ども、知っている漢字を使って二、三語文を書く子どもなどがいる。

学習への取り組みの姿としては、絶えず教師の補助やことばかけを受けて取り組む子ども、一つ一つ指示を受けて取り組む子ども、おおまかな手順表にそって進める子どもなどがいる。

❏教材についての考え

この題材は、一人一人のことばの獲得の筋道にそうように事物名称語や日常生活場面のことばを取りあげて配列し、細かい段階を積み上げることで意味と名称と文字をつなぎながらことばを身につけていくものである。

ことばを配列する手がかりとしては、一音で意味をもち子どもが発音しやすい「め」→「は」から順に入り、次第に音節が二音節→三音節→長音節へと増えるようにしていく。そして、濁音や半濁音、促音、拗・長音のあるものへと次第に高めていく。また、体に関することばを中心にした単語群から、持ち物に関することばを中心にした単語群→生活場面の道具や食べ物に関することばを中心にした単語群へと広がっていくようにしている。さらに、それぞれの段階において、ことばの意味と読み（音声）と文字が結びつきやすいように、事物名称を表す絵、事物名称を表す単語、文字カード、単語カード、文字の読み書きのワークシート、等を用意している。これらを学習過程にそって適切に取り入れて、繰り返し音声化し、確実にことばを身につけることができるようにしている。

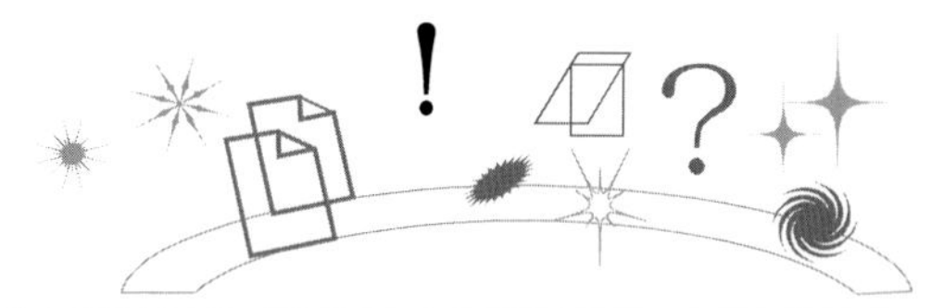

学習内容は、単語段階から文段階、カタカナ、漢字、生活文へと配列している。

細かいステップ化は様々な子どもの実態に即応することが可能であり、それぞれの段階で選択したり変化をもたせて反復繰り返しをさせたりするなど、一人一人の学びの筋道に合わせて活用することが容易にできる。また、指導する側ばかりでなく子ども自身にも学習の現在地が分かり、次に進むべき課題も把握しやすいと思われる。

❏指導についての考え方

本題材の指導にあたっては、一人一人の習得していることばの段階で学びの筋道にそった個別指導をしていきたい。

そのためにはまず自分の「ことばファイル」に出会う段階では、一人一人の「ことばファイル」の教材本を提示して、これから取り組む学習内容についての見通しをもたせる。

個別のことばファイルをつくる段階では、繰り返しことばに触れさせる。声に出して音声化したりことばを構成したり文字に表したりできるように、一人一人のことばファイルづくりの段階に応じたステップ学習に取り組ませていく。

A児にはことばファイルの学習の進め方がとらえやすいように、手順や方法について随時教師が動作補助やことばかけを行う。

B児には機器や教師の声で音声と対応できるような場づくりを設定して、次の活動に意識を向けられるようなことばかけをしていく。

C児にはすることやしたことを一つずつ教師に知らせて確認させながら進めていく。必要に応じて補助を行う。

D児には現在地が分かるような問いかけをしたり、分からないことを聞けるような場づくりを心がけたりする。

E児には活動の順番が視覚的にとらえやすいような手順の提示を工夫するとともに常に音声化を促すようなことばかけをする。

F児には流れを思い描くことができるような4枚の絵を提示しお話をつくらせて、詳しく書けるようなことばかけをしながら校正させ清書させる。

つくりあげたことばファイルを展示し発表することで満足感や充足感を味わわせるとともに、次のことばファイルづくりへの期待感を高めてまとめる。

❏目　標

○絵や文字を読んで音声化したり文字化したりして「ことばファイル」をつくることができるようにする。

○見通しを持って活動に取り組み、自分の「ことばファイル」をつくりあげることができるようにする。

❏計　画（約6時間）

1.「ことばファイル」についてすることや進め方についての見通しを持つ ―――― 1時間

2．自分の「ことばファイル」に取り組む ―――― 5時間

（本時2/5）

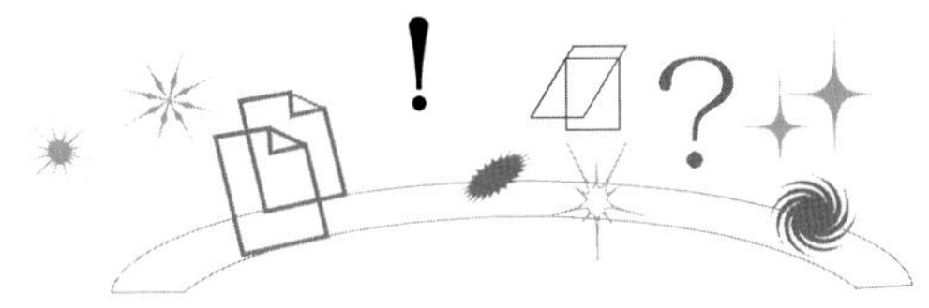

A　児	B　児	C　児	D　児	E　児	F　児
ことば①	ことば⑤	①②③④ミックス	⑤⑥⑦⑧ミックス	ことば⑮	四コマの話

3．作りあげた「ことばファイル」を振り返り、発表してまとめる。―――――――― 1時間

❏本時の目標

○自分の「ことばファイル」の現在地を知り、音声化、文字化の手順にそって進めることができるようにする。

○つくった「ことばファイル」を発表したり、友だちの発表を見たりすることができるようにする。

一人一人の目標

児童	段　階	目　標
A　児	一音節	○教師と一緒に一つ一つ補助を受けながら、絵を読んだり単語カードとつないだりなぞり書きをしたりする。 ○教師が指さしたことばファイルを見て絵や文字の拾い読みをする。
B　児	二音節	○教師の指示で音声を聞いて絵や単語カードを取り出して、同じ意味のものをつないだりなぞり書きや視写をしたりする。 ○つくったことばファイルを教師が読みあげるのを聞いて文字や絵を指さす。
C　児	一音節の単語群	○教師に一つ一つ確かめながら、絵や文字を声に出して読んだり文字をなぞったり視写をしたりする。 ○自分のつくったことばファイルを教師の後をつけて読む。
D　児	二音節の単語群	○分からない時はその都度たずねながら絵や文字カードを指さして読んだり、音節毎にはっきり読みあげて書いたりする。 ○自分のつくったことばファイルの絵や単語を音節に区切って読む。
E　児	したものの名称	○教師のことばかけで絵をよく見て単語カードとつないだり書いたりする。 ○自分が書いたことばファイルの単語を読む。
F　児	四コマの話	○手順表を見て話の順に絵を並べたり、場面に合った会話や文を話したり書いたりする。 ○自分がつくった四コマのお話を友だちに読み聞かせる。

❏本時学習指導の考え方

子どもたちは前時までに自分のことばファイルに出会い、学習を進める手順や方法を大まかにとらえるとともに、もっとことばファイルをつくりたいとの意欲が高まってきている。

そこで本時はできるだけ自分の力でことばファイルづくりに取り組ませていきたい。

そのために、まず前時につくった一人一人のことばファイルを提示してつくったことを想起させるとともに、自分のことばファイルづくりの現在地をとらえさせるとともに活動の進め方の確認をする。

次に自分のことばファイルづくりを進めさせる。

A児には音声や活動を引き出すことばかけや、ことばと文字をつなぐ動作補助をしてことば①のファイルづくりをさせる。

B児には教師が音声化したものを絵や文字とつなぐような補助や、次の活動に意識が向くようなことばかけをして、ことば⑤のファイルづくりをさせる。

C児には一つの活動毎に進行状況や次の活動の確認をしたりなぞり書きの補助をしたりして、ことば①②③④のファイルづくりに取り組ませる。

D児には音声化を促すことばかけやしたことと次にすることの確認をすることで、ことば⑤⑥⑦⑧の

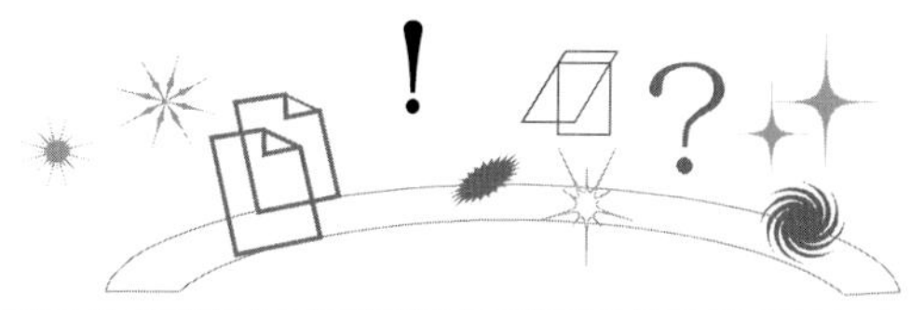

ファイルづくりに取り組ませる。

E児には音声化を促すことばかけや手順の確認をすることで、ことばのファイルづくりをさせる。

F児にはけがをして友だちと保健室に行き手当てをしたもらうお話の絵を渡し、文をつくる手がかりになることばかけや作業時間の確認をして四コマのお話づくりに取り組ませる。

つくったことばファイルを友だちに発表させることで、満足感や充足感を味わわせるとともに次時にすることを確認してまとめる。

❏本時の学習過程

<table>
<tr><th colspan="6">主　な　学　習　過　程</th><th>支　援</th></tr>
<tr><td colspan="6">1．前時学習をふり返り、本時のめあてをつかむ。
(1)　前時を想起する。
自分の「ことばファイル」をつくったこと
(2)　本時のめあてをつかむ。
「ことばファイル」をつくろう
2．自分の「ことばファイル」をつくる。</td><td rowspan="5">前時につくったことばファイルの提示
自分のことばファイルづくりの手順と方法の確認
A児；音声や活動を引き出すことばかけ、ことばと文字をつなぐ動作補助
B児；教師が音声化して絵や文字とつなぐ補助、次の活動に目が向くことばかけ
C児；一つずつ活動の確認、なぞり書きの補助
D児；音声化を促すことばかけ、したことと次にすることの確認
E児；音声化を促すことばかけ、手順の確認
F児；文をつくる手がかりになることばかけ、作業時間の確認</td></tr>
<tr><th>A　児</th><th>B　児</th><th>C　児</th><th>D　児</th><th>E　児</th><th>F　児</th></tr>
<tr><td>文字カードを読む 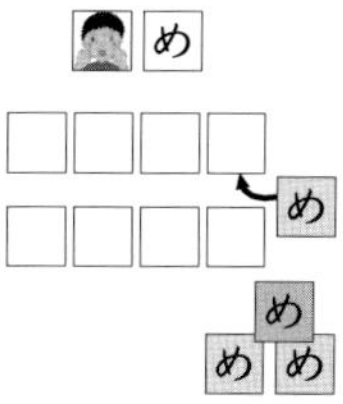
め
め
め
め　め</td><td>ランゲージパルで音声を聞いて単語カードを取り出す 
あし</td><td>絵と単語カードを読む </td><td>絵と単語カードを読む 
あたま　かお　くち　あし</td><td>事物名称語とそれに合う動作語を読む 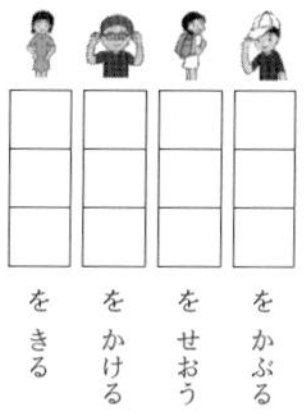
をきる　をかける　をせおう　をかぶる</td><td>4枚の絵を見て話の順に並べる
話の筋をつくる </td></tr>
<tr><td>絵を読んで一音の文字と合わせる </td><td>絵を読んで文字カードを取り出して「あし」をつくる </td><td>絵に合う文字を取り出して絵とつなぐ </td><td>絵に合う文字を取り出して絵とつなぐ </td><td>絵に合う事物名称語と動作語を文字カードでつくる 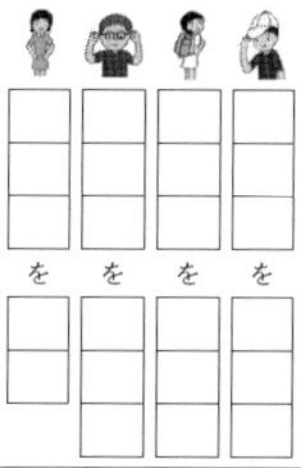
を　を　を　を</td><td>文をつくる
読み直す 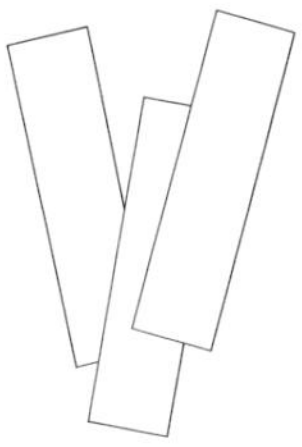</td></tr>
<tr><td>指でなぞったり鉛筆でなぞったりする 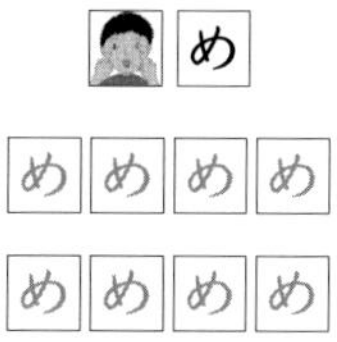
め
め　め　め　め
め　め　め　め</td><td>なぞり書きをしたり視写したりする 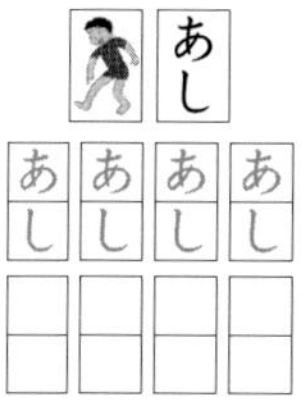
あし
あし　あし　あし　あし</td><td>なぞり書きをしたり視写したりする 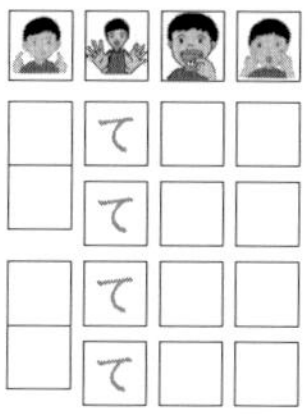
て
て
て
て</td><td>視写したり絵を読んだり書いたりする 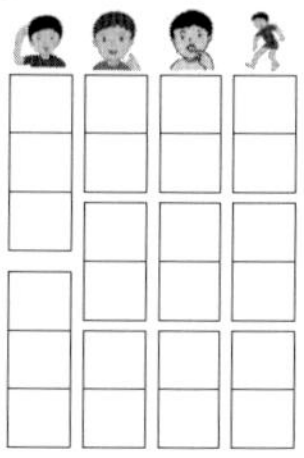</td><td>視写したり絵を読んだり書いたりする 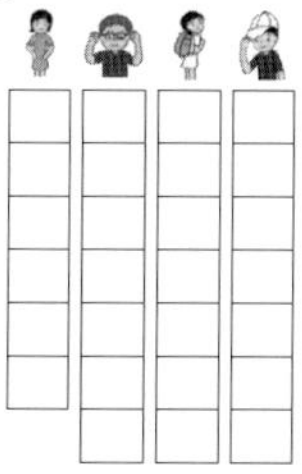</td><td>清書して絵カードと文カードを台紙にはる 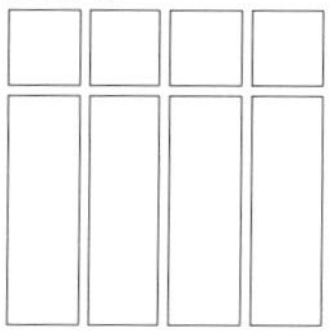</td></tr>
<tr><td colspan="6">3．本時学習を振り返り次時について知る。
(1)　本時学習を振り返る。
●「ことばファイル」の発表
(2)　次時について知る。</td><td>つくったことばファイルへの賞賛
次時の確認</td></tr>
</table>

第 4 章

め
みみ
て
は

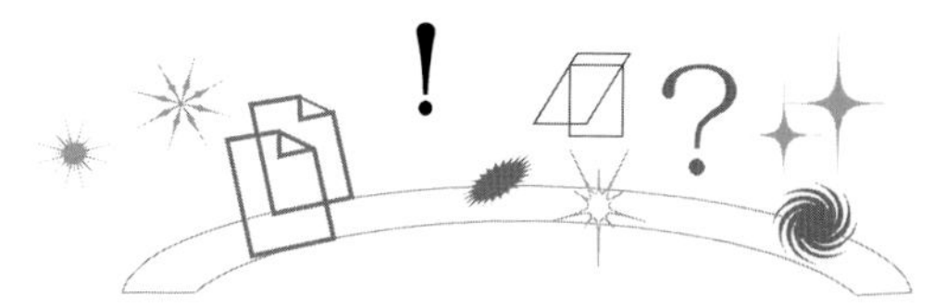

め

は

て

み
み

音節カード１(1)

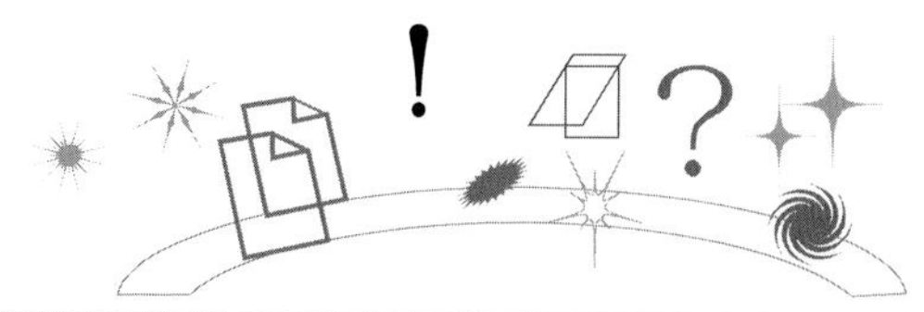

■単語カード

め	め
は	は
て	て
み	み
み	み

■文字カード

め	め
は	は
て	て
み	み
み	み

名称を書くワークシート１(1)

名称を書くワークシート１(1)

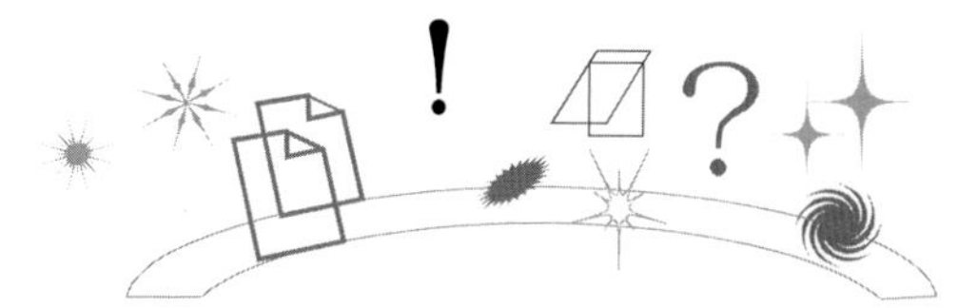

絵カード１(1)

めをあける

めをあらう

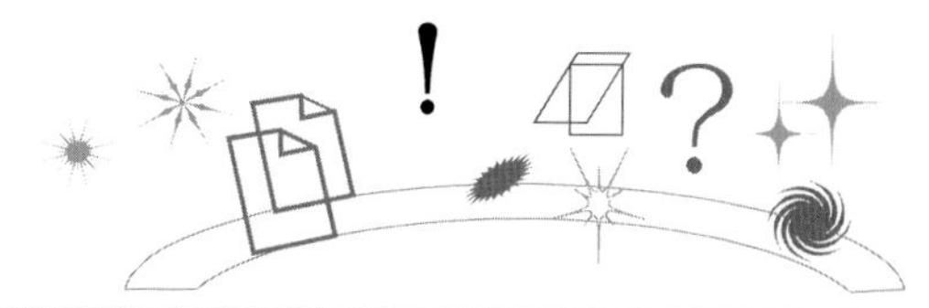

音節カード１(1)

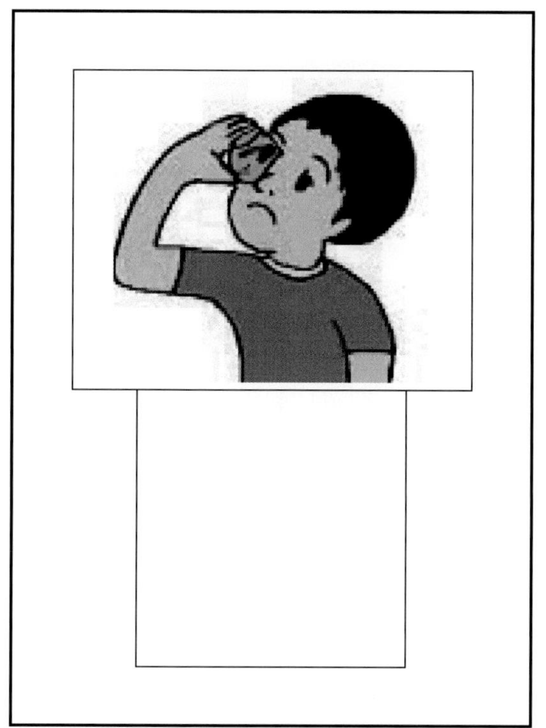

文字カード１(1)・単語カード１(1)

■単語カード

め	め
め	め
め	め
め	め
め	め

■文字カード

め	め
め	め
め	め
め	め
め	め

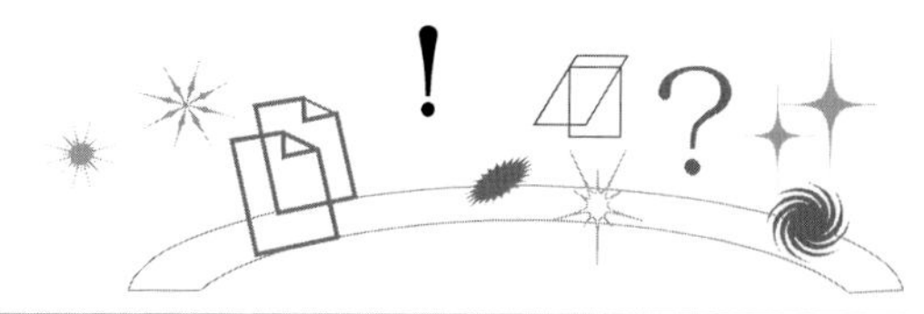

名称を書くワークシート1(1)

め

め	め	め	め
め	め	め	め
め	め	め	め
め	め	め	め

名称を書くワークシート１(1)

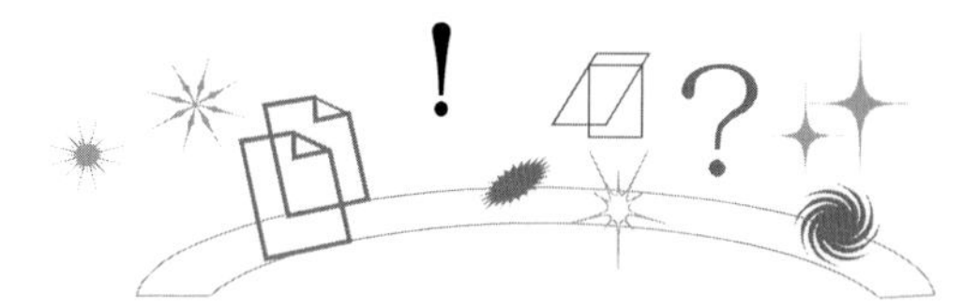

はをみがく

はがいたい

はがぬける

音節カード１(1)

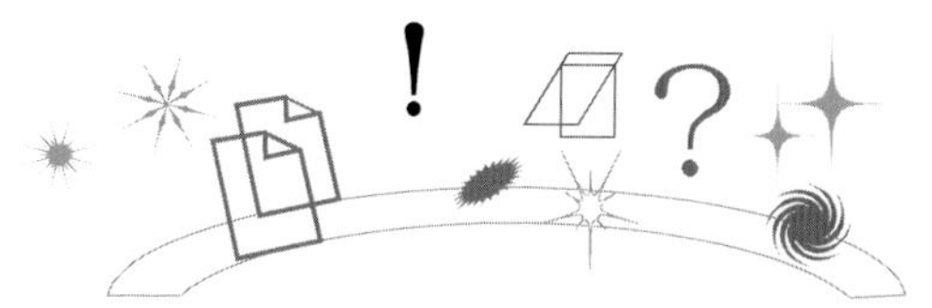

■単語カード

は	は
は	は
は	は
は	は
は	は

■文字カード

は	は
は	は
は	は
は	は
は	は

名称を書くワークシート1(1)

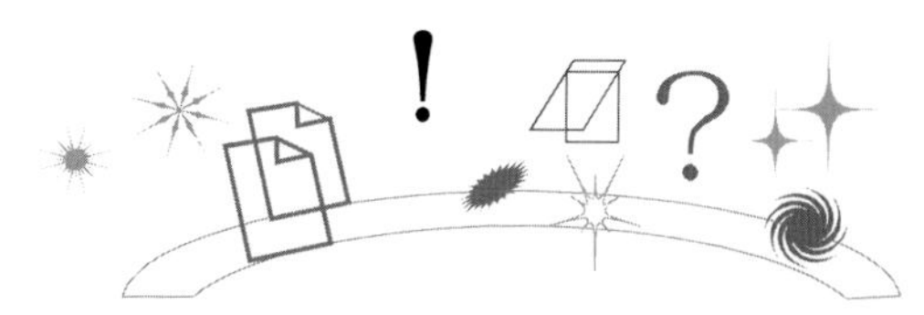

名称を書くワークシート１(1)

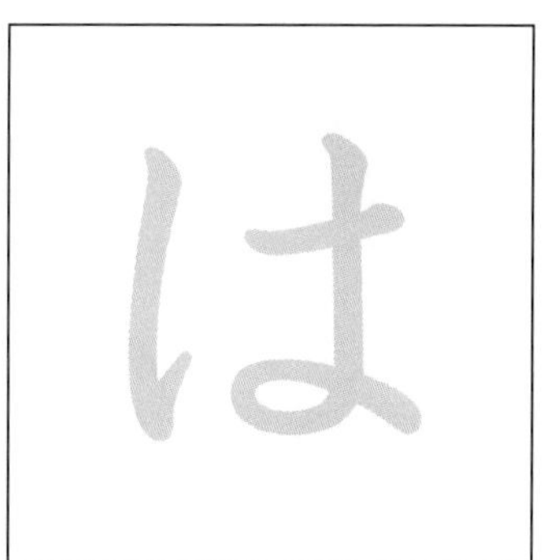

絵カード１(1)

てをあらう

てをあげる

てをつなぐ

てをたたく

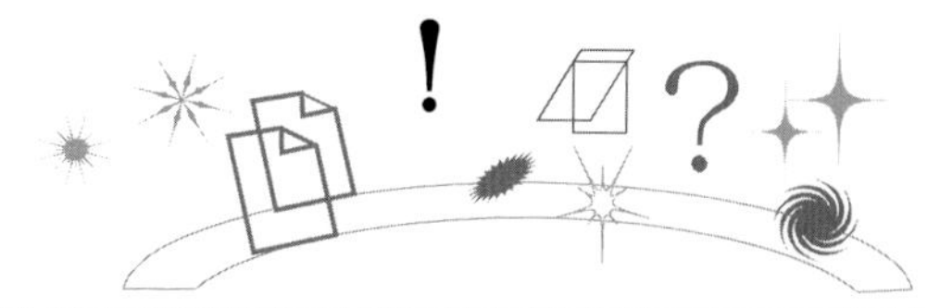

音節カード１(1)

文字カード1(1)・単語カード1(1)

■単語カード

て	て
て	て
て	て
て	て
て	て

■文字カード

て	て
て	て
て	て
て	て
て	て

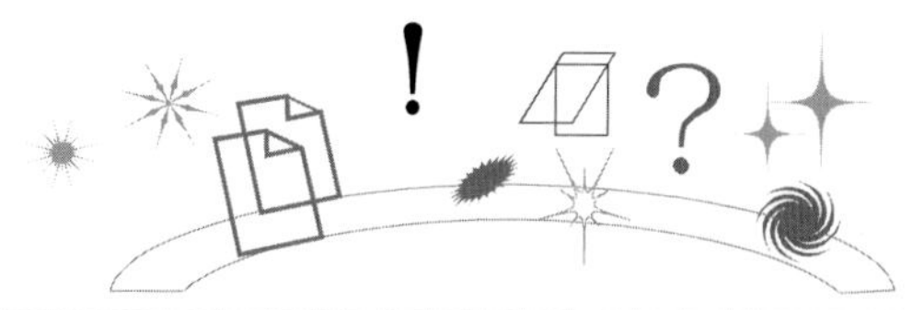

名称を書くワークシート１(1)

て

て て て て
て て て て
て て て て
て て て て

名称を書くワークシート１⑴

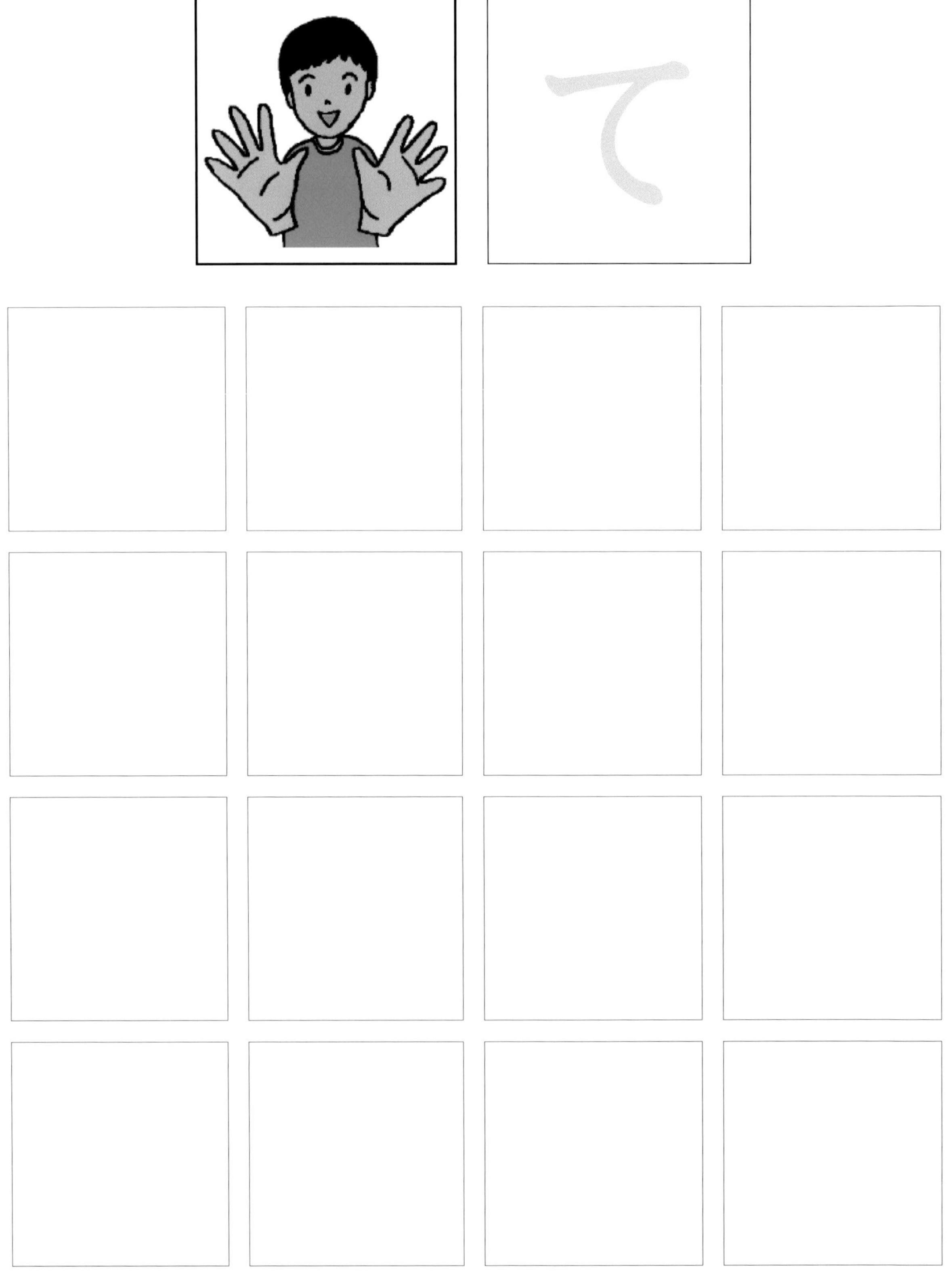

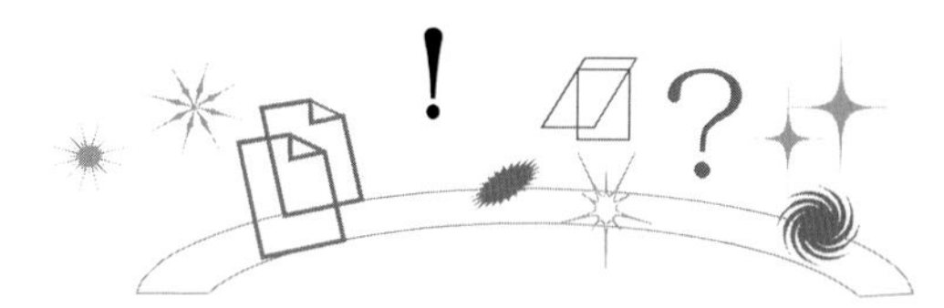

みみをふく

みみがいたい

みみをさわる

音節カード１(1)

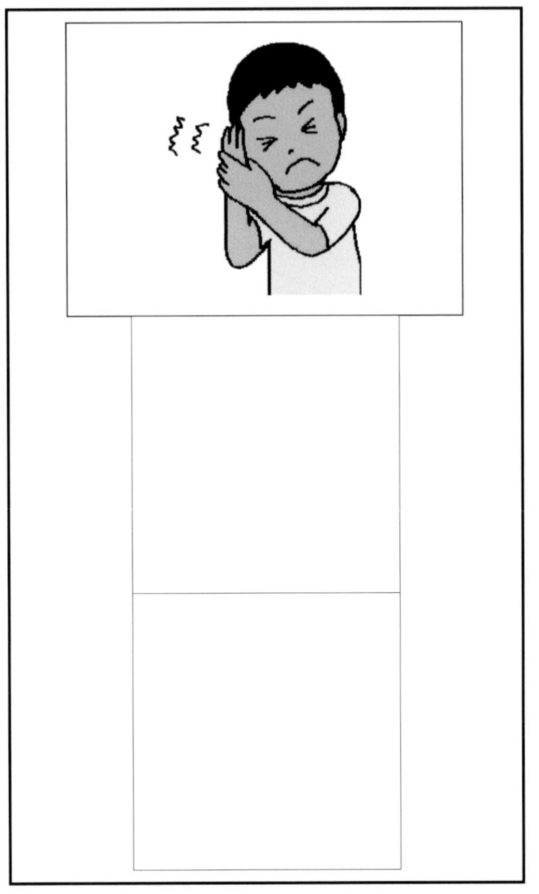

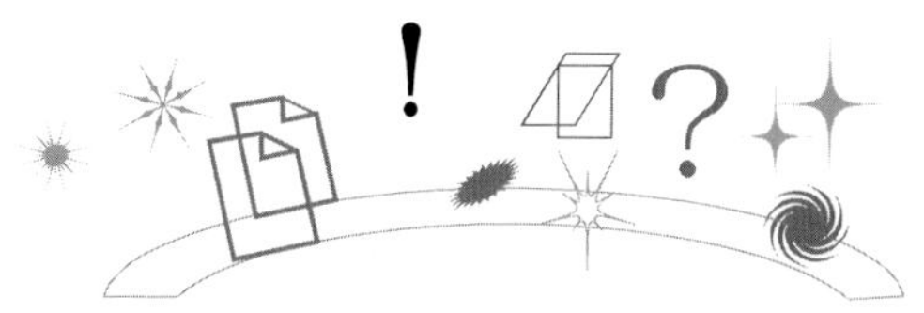

■単語カード

み み	み み
み み	み み
み み	み み

■文字カード

み	み
み	み
み	み
み	み
み	み
み	み

名称を書くワークシート１(1)

名称を書くワークシート１(1)

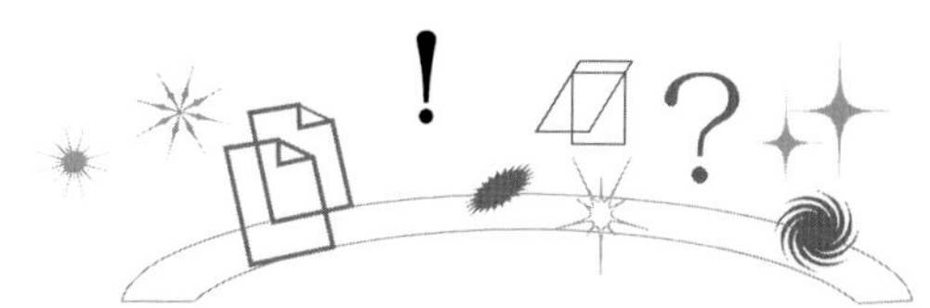

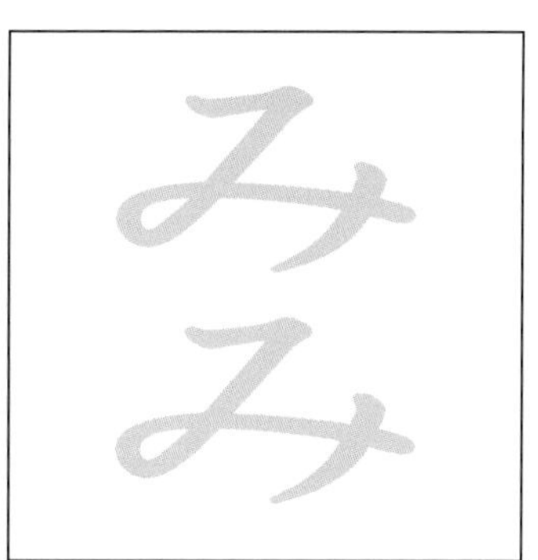

あたま
かお
かた
あし

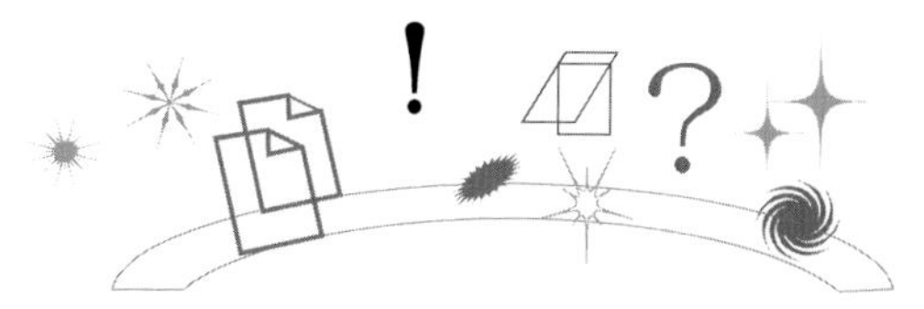

あし

あたま

かお

かた

音節カード2(1)

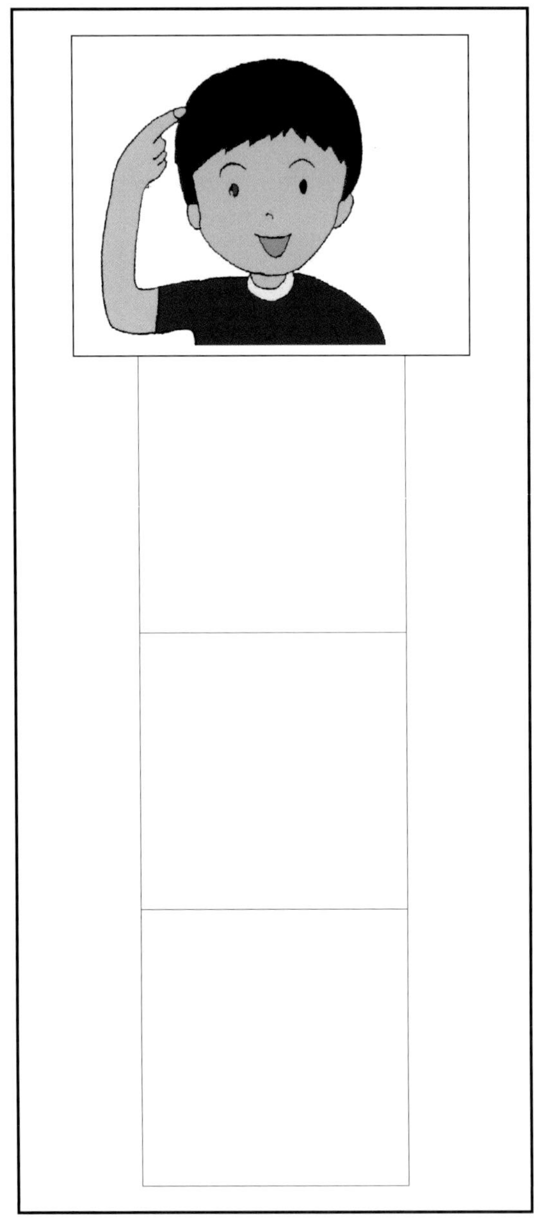

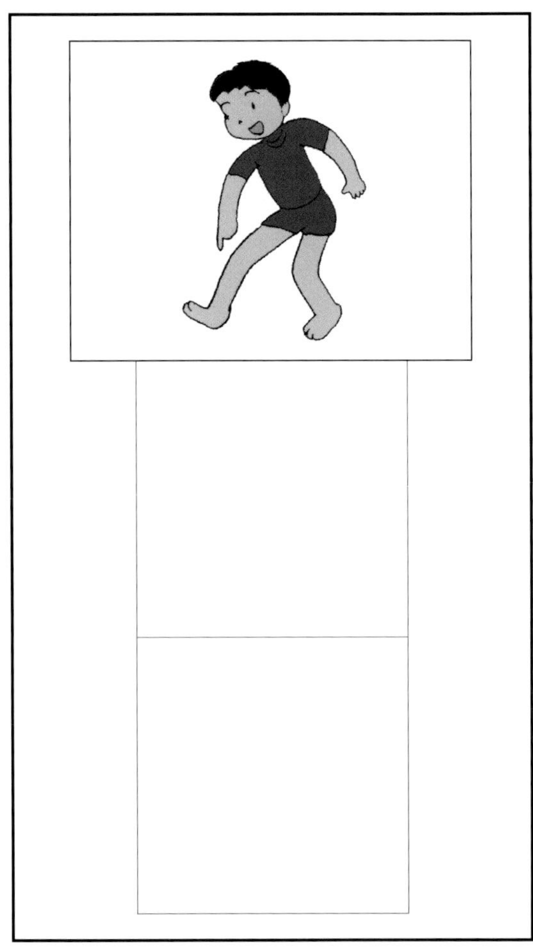

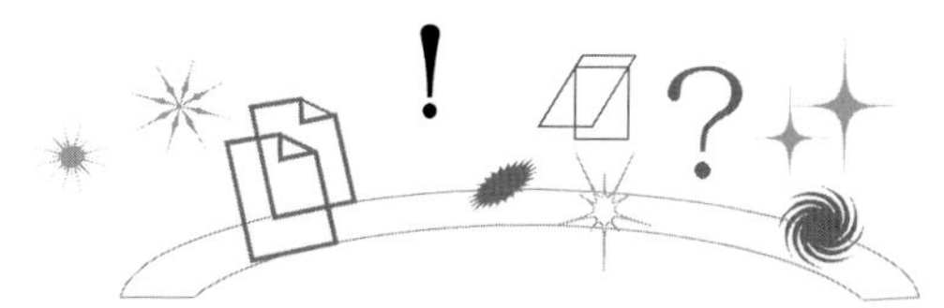

■単語カード

かお

かた

あし

あたま

■文字カード

か

お

か

た

あ

し

あ

た

ま

名称を書くワークシート 2 (1)

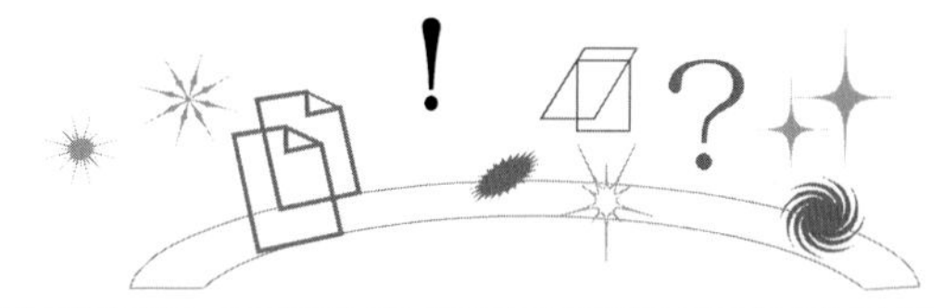

かた	かお	あたま	あし
かた	かお		あし

名称を書くワークシート2(1)

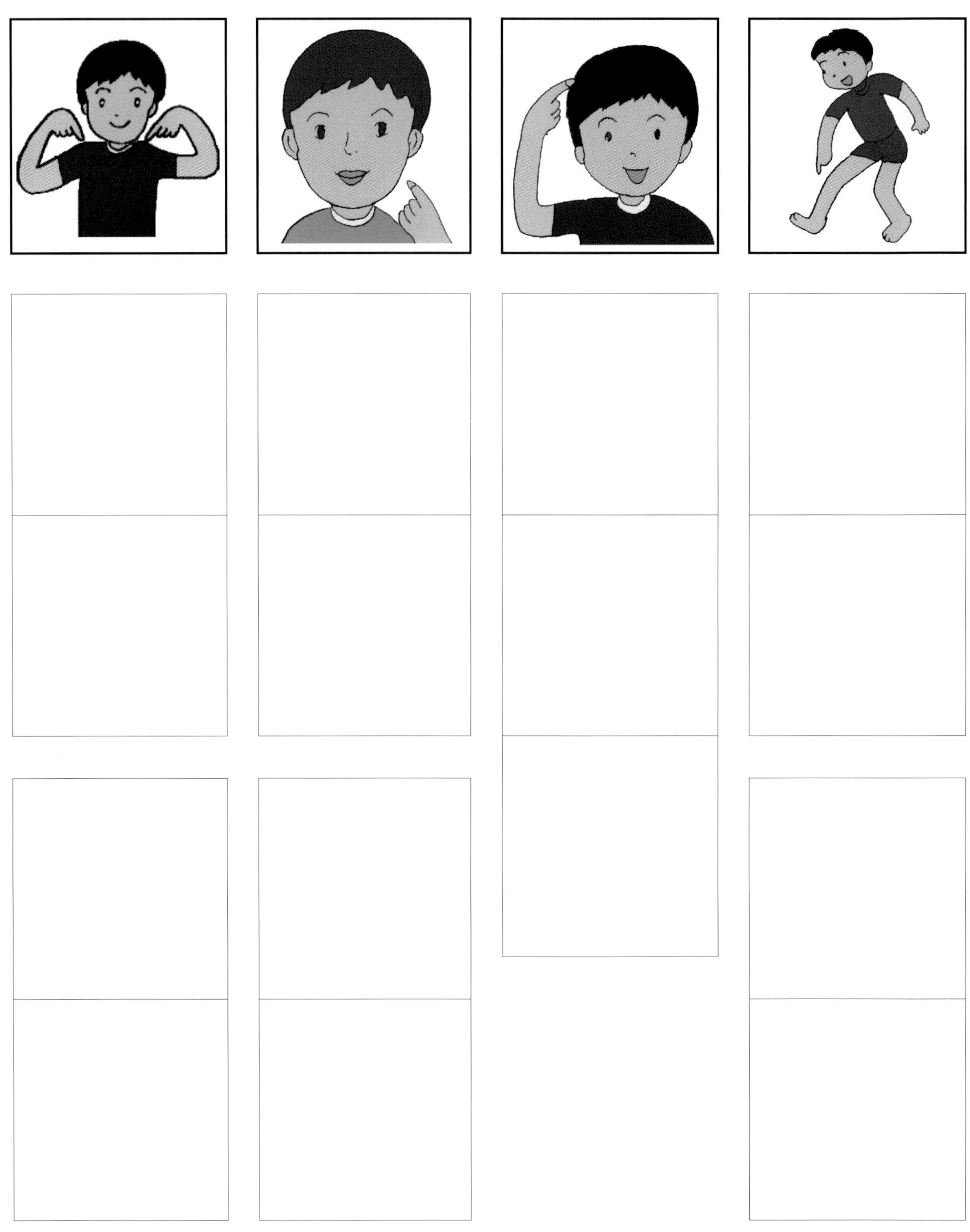

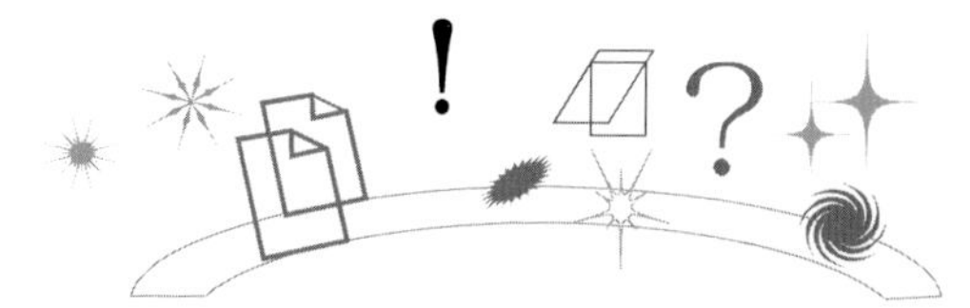

あしをあげる

あしをあらう

あしをたたく

あしをまげる

音節カード２(1)

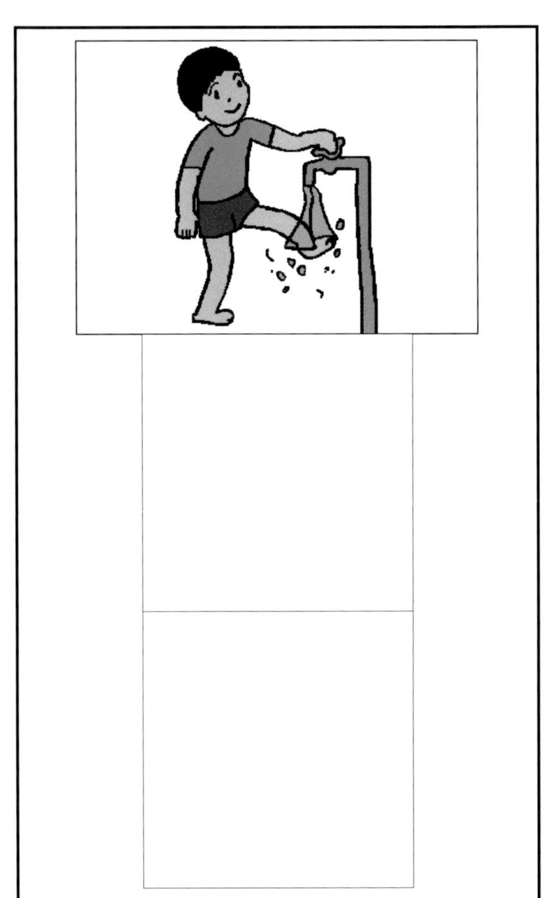

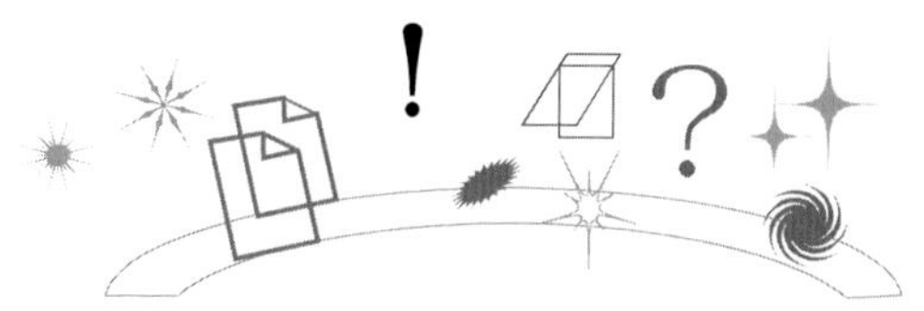

■単語カード

あし	あし
あし	あし
あし	あし

■文字カード

あ	あ
し	し
あ	あ
し	し
あ	あ
し	し

名称を書くワークシート２(1)

名称を書くワークシート 2 (1)

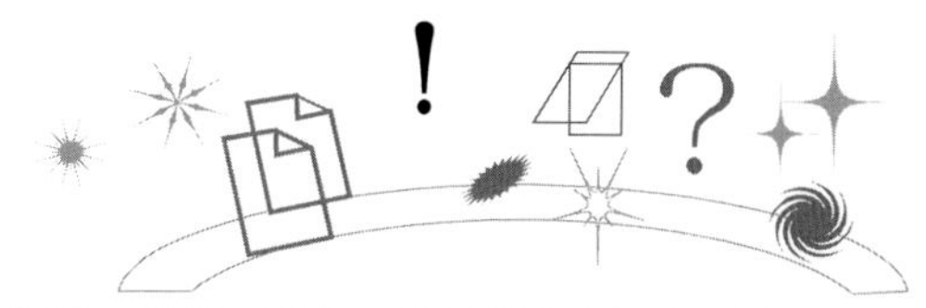

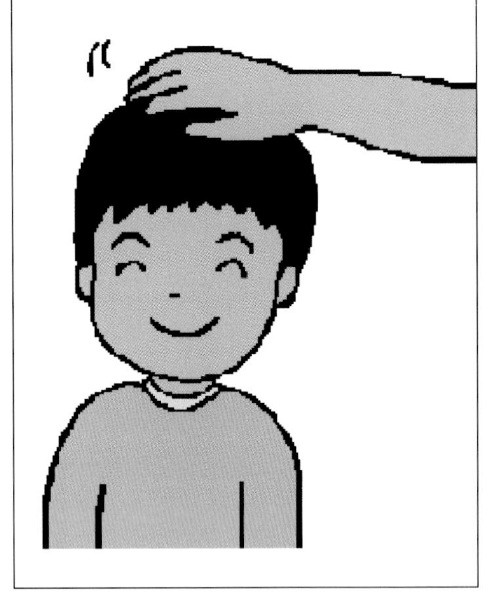
あたまをなでる

あたまをふる

あたまをあらう

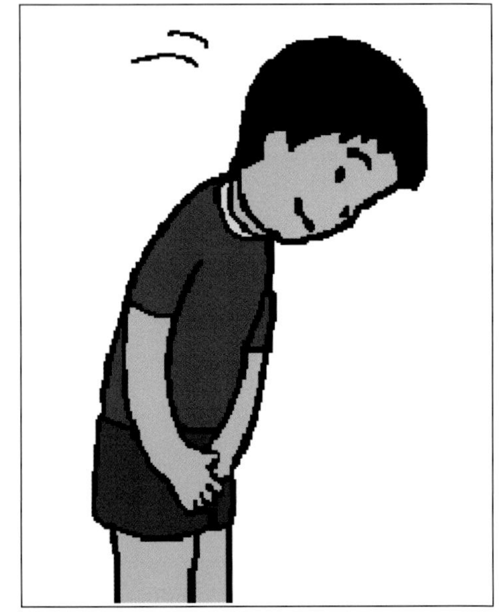
あたまをさげる

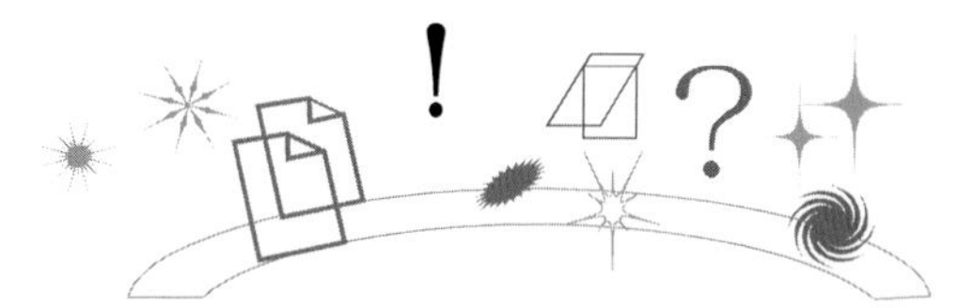

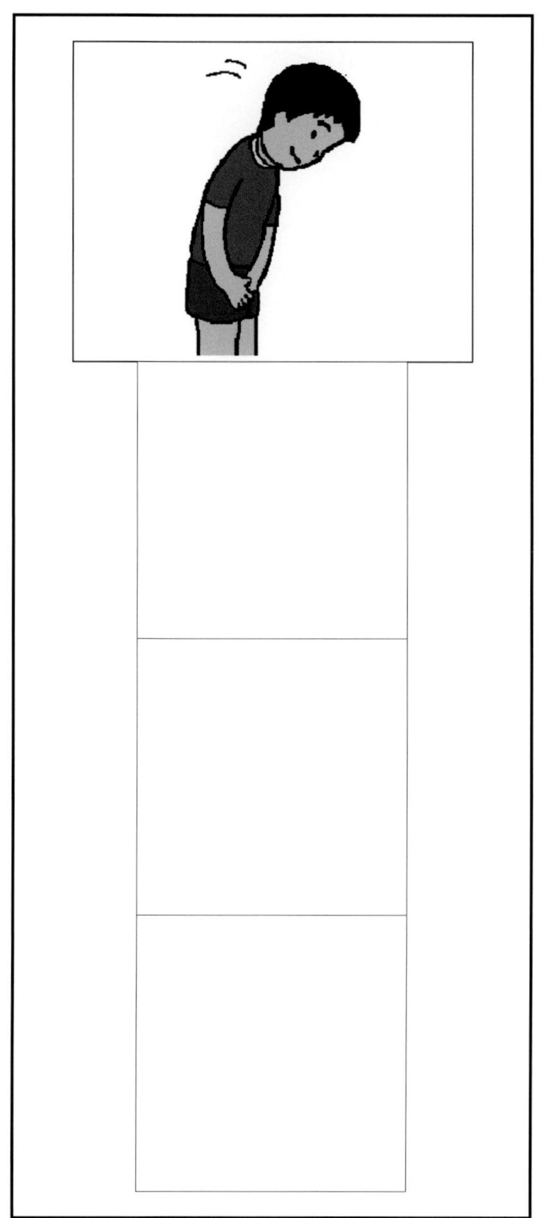

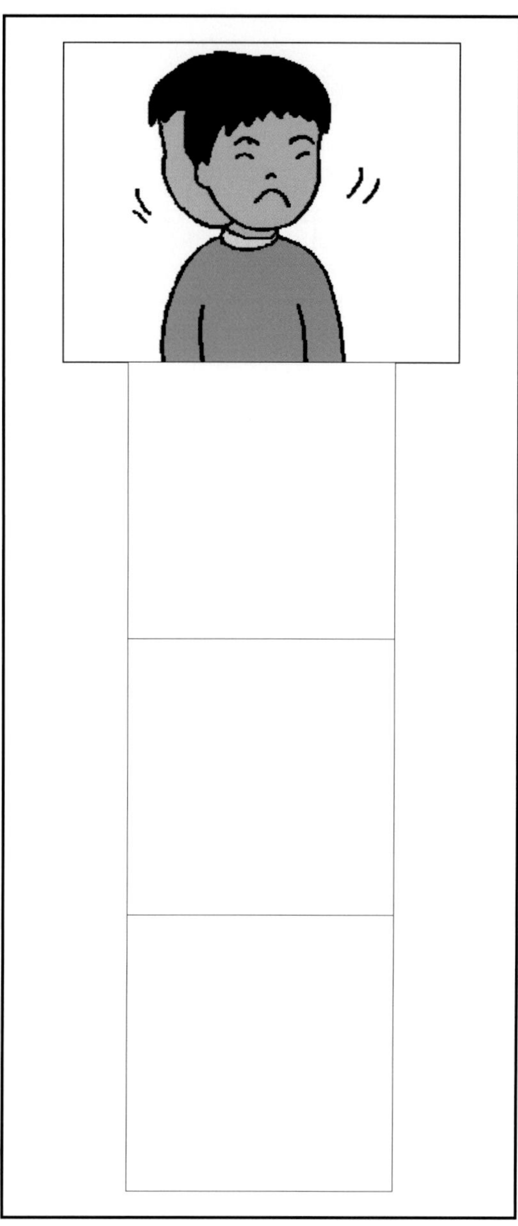

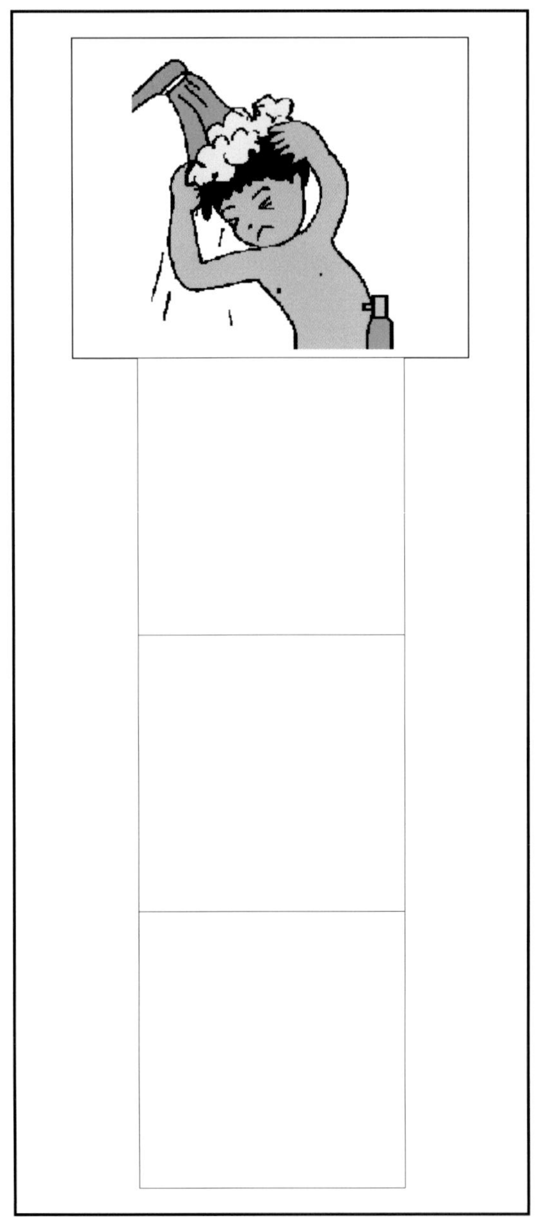

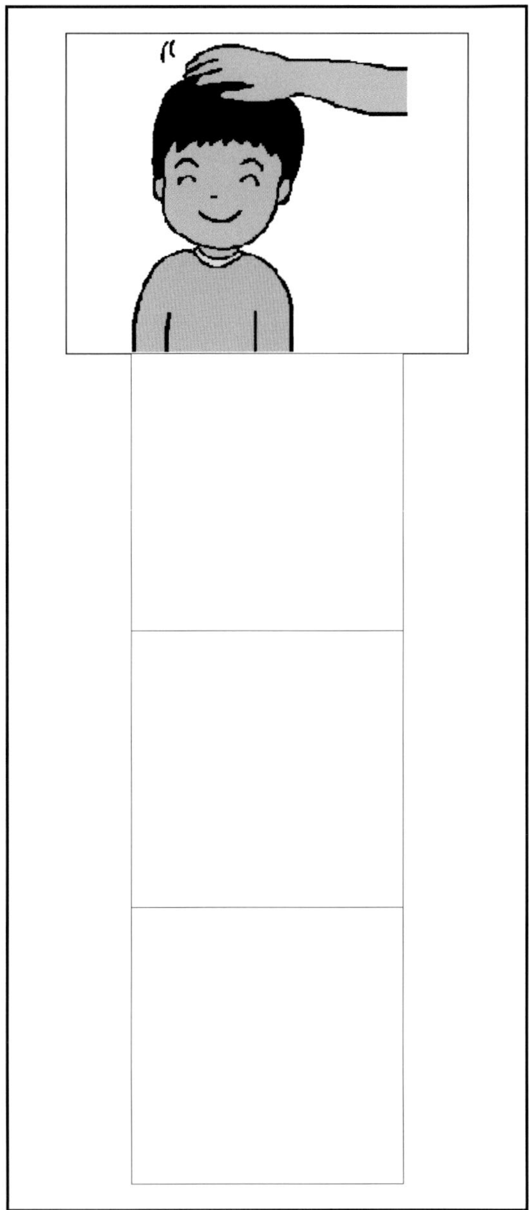

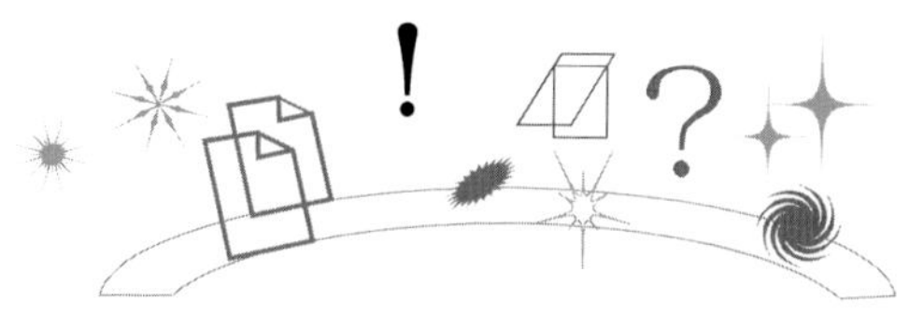

■単語カード

あ た ま	あ た ま
あ た ま	あ た ま

■文字カード

あ	あ
た	た
ま	ま
あ	あ
た	た
ま	ま

名称を書くワークシート 2 (1)

あ	あ	あ	あ
た	た	た	た
ま	ま	ま	ま

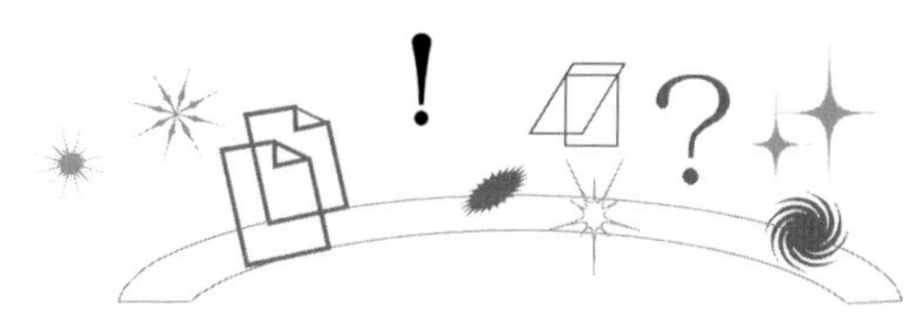

名称を書くワークシート 2 (1)

かおをかくす

かおをあらう

かおをたたく

かおをふく

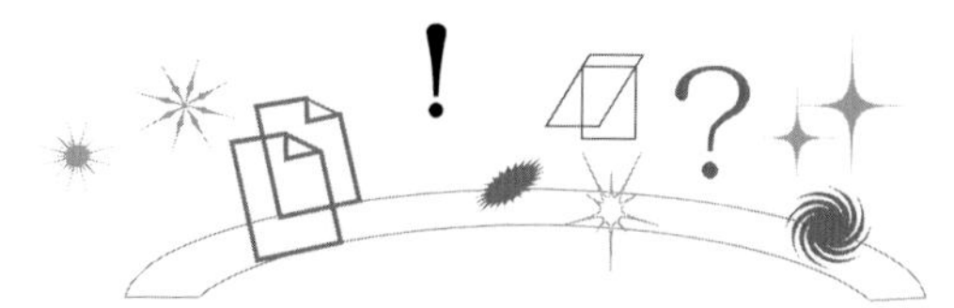

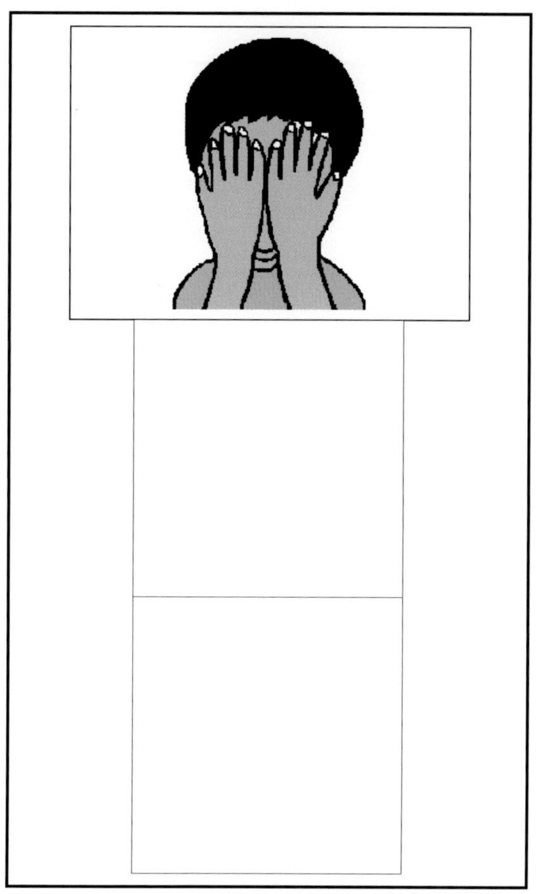

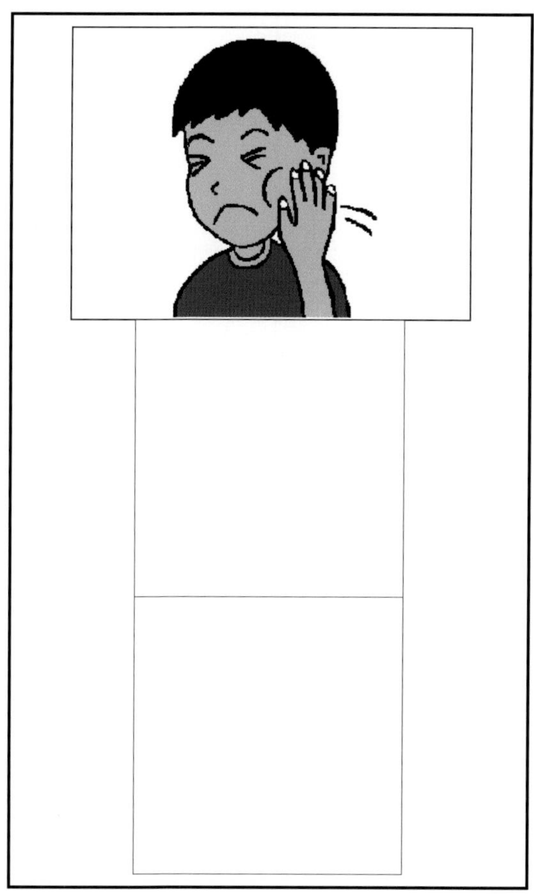

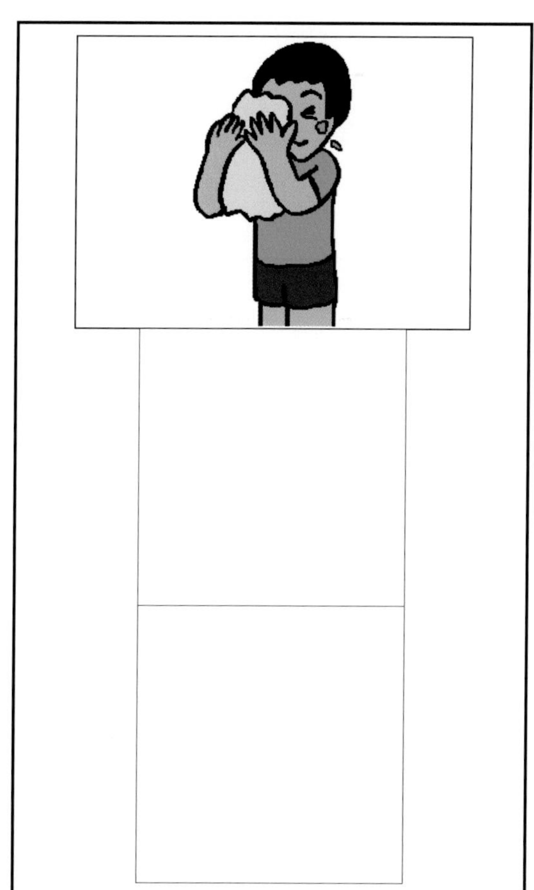

■単語カード

かお	かお
かお	かお
かお	かお

■文字カード

か	か
お	お
か	か
お	お
か	か
お	お

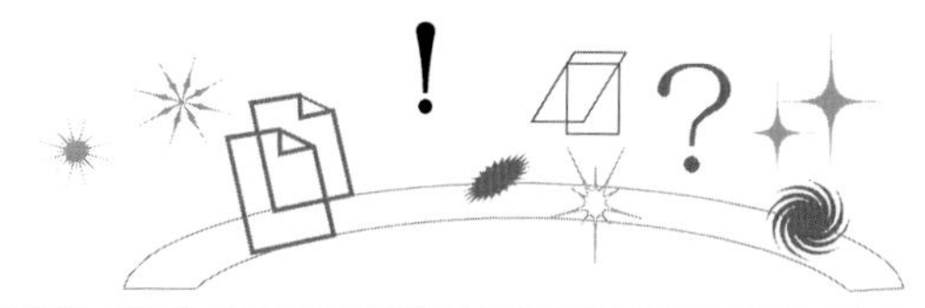

名称を書くワークシート２(1)

かお

か	か	か	か
お	お	お	お

か	か	か	か
お	お	お	お

名称を書くワークシート２(1)

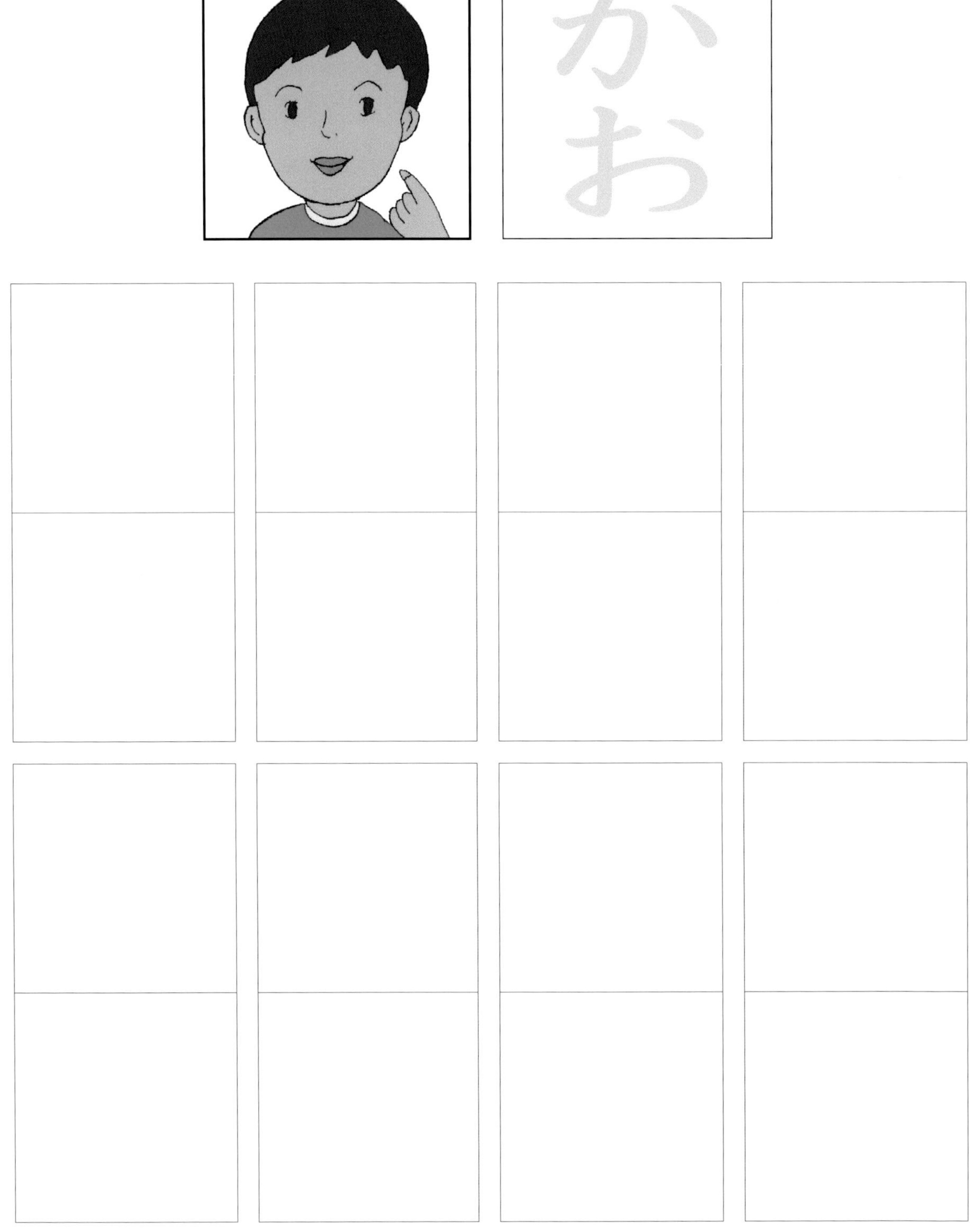

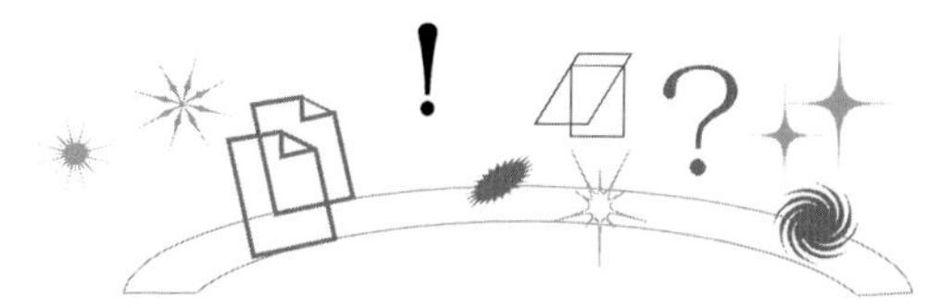

かたをあげる

かたをたたく

かたをくむ

音節カード 2(1)

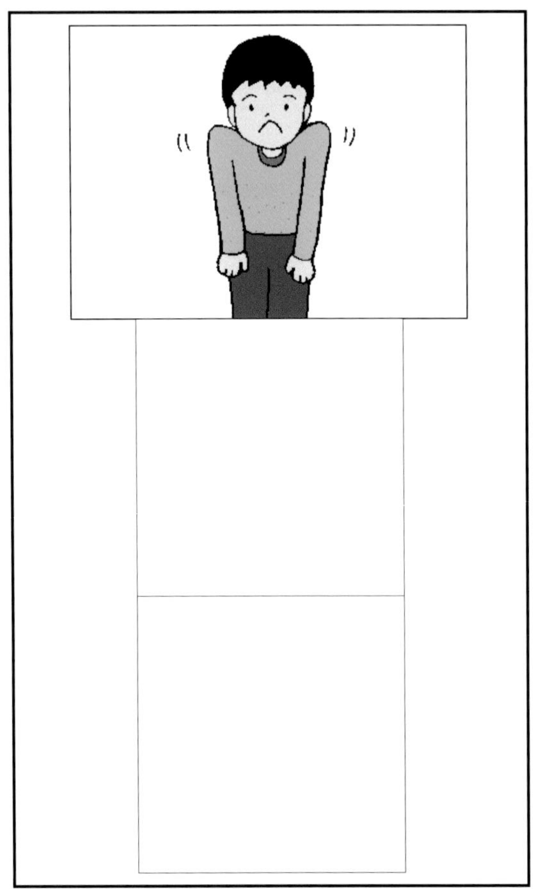

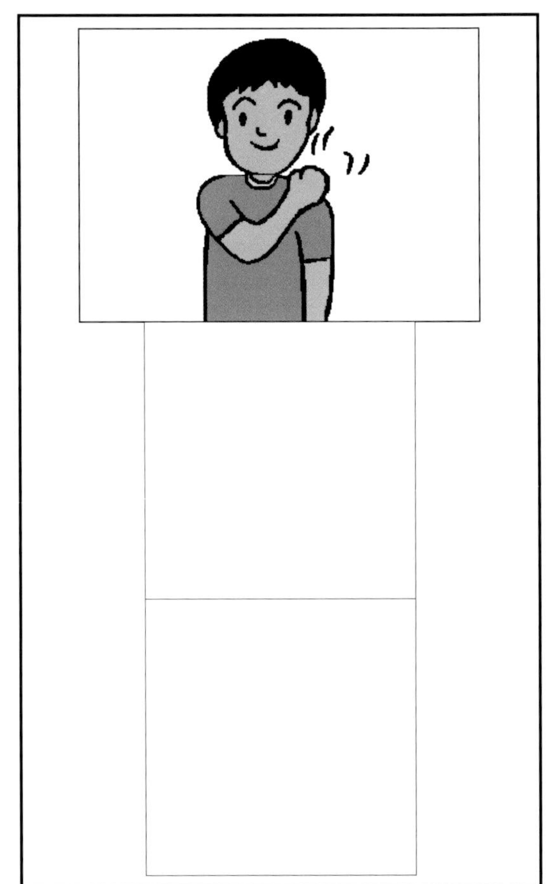

文字カード2(1)・単語カード2(1)

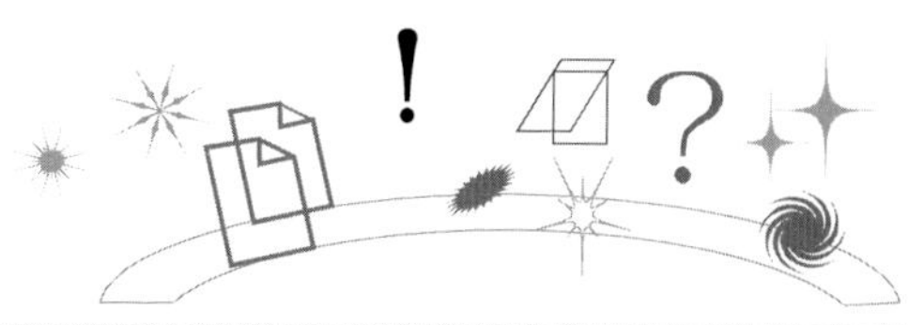

■単語カード

か た	か た
か た	か た
か た	か た

■文字カード

か	か
た	た
か	か
た	た
か	か
た	た

名称を書くワークシート 2 (1)

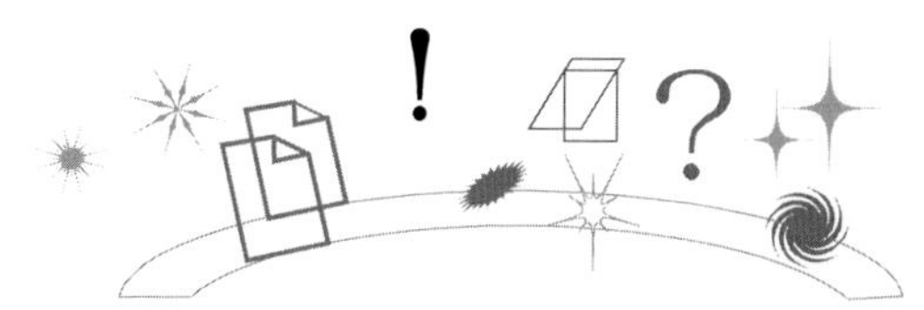

名称を書くワークシート2(1)

場面絵 4

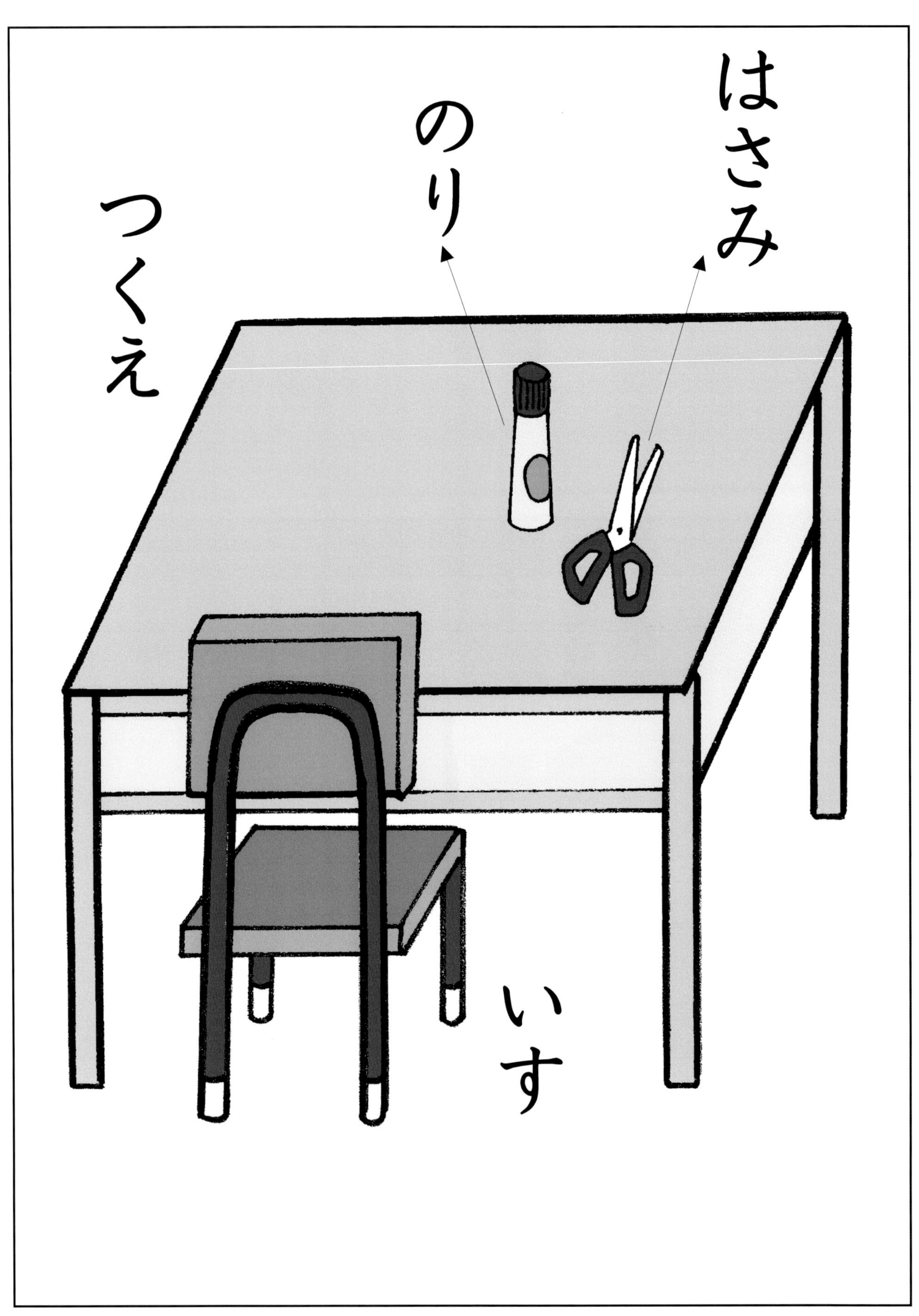

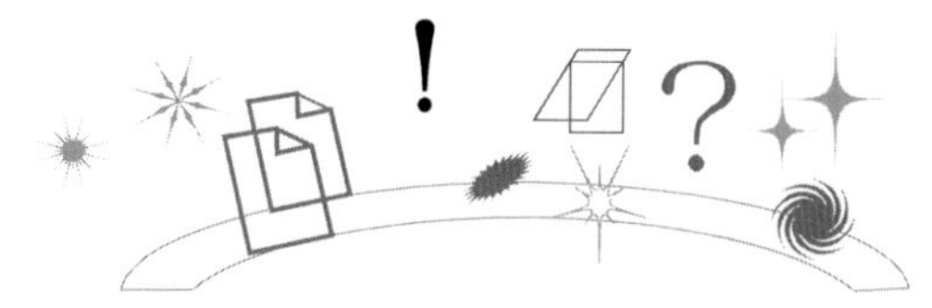

のり
のり

いす

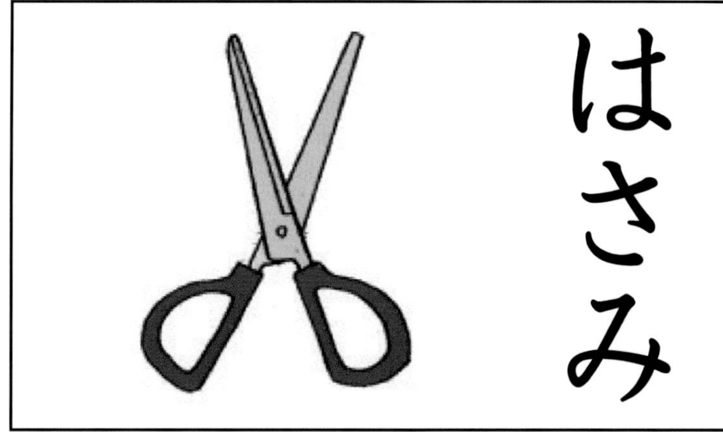
はさみ

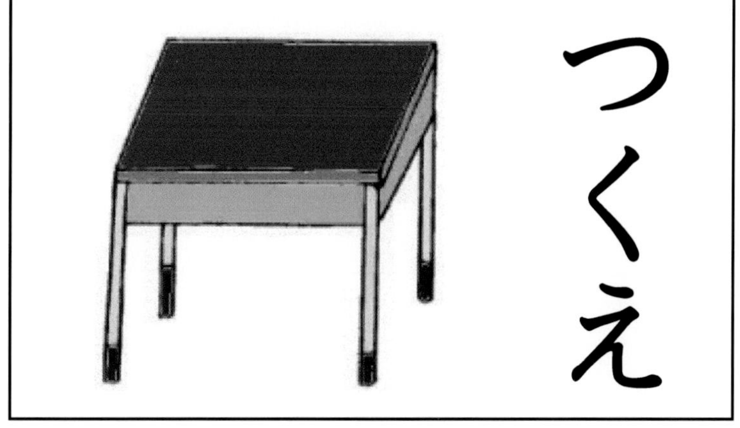
つくえ

音節カード４

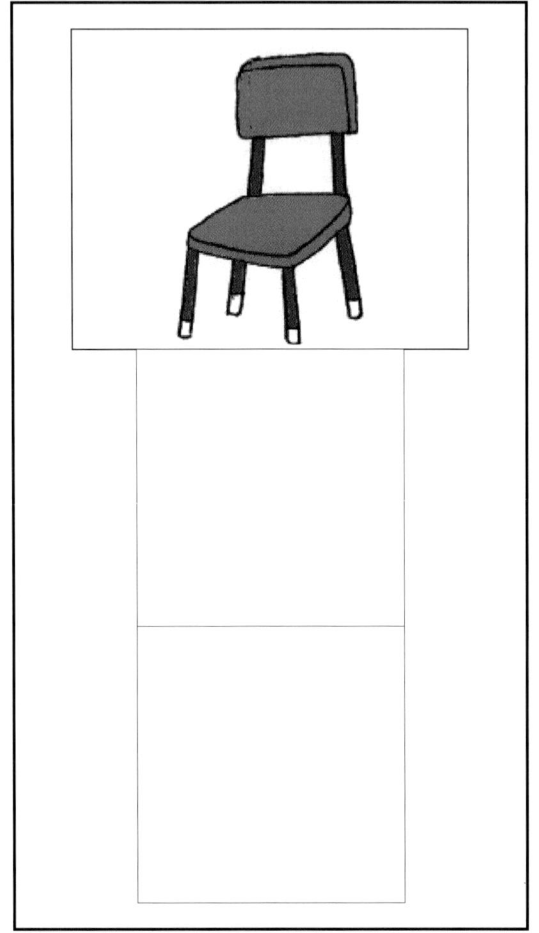

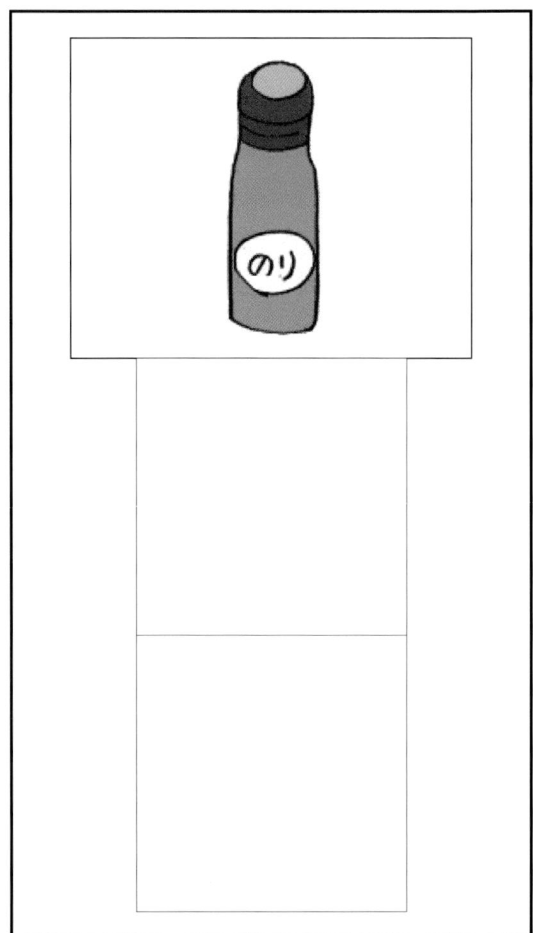

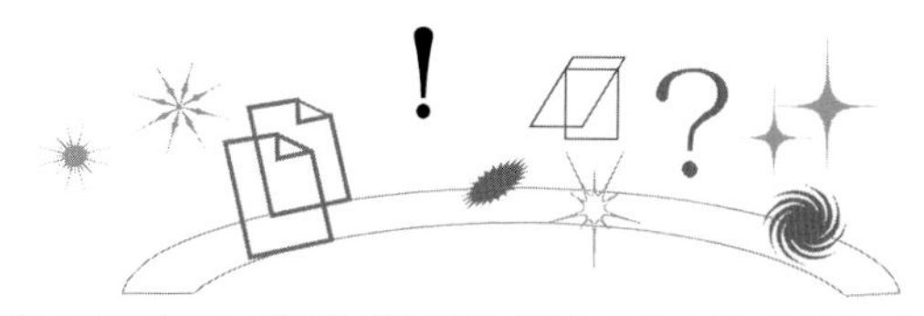

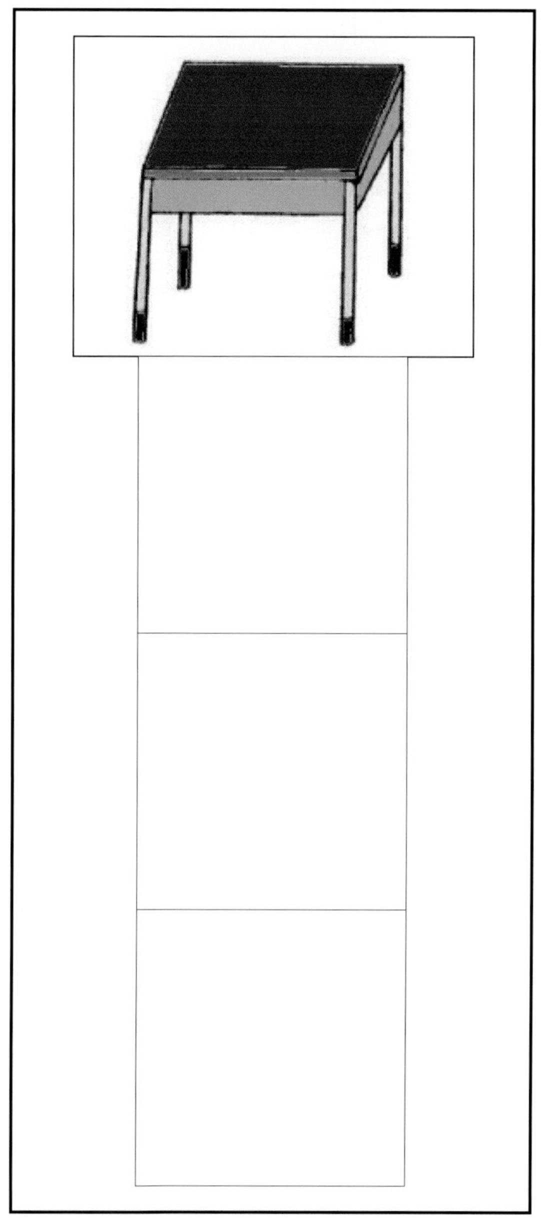

■単語カード

はさみ	のり
つくえ	いす

■文字カード

は	の
さ	り
み	い
つ	す
く	
え	

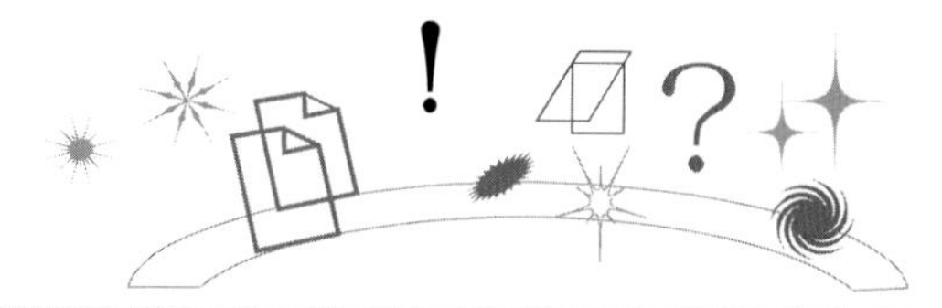

名称を書くワークシート4

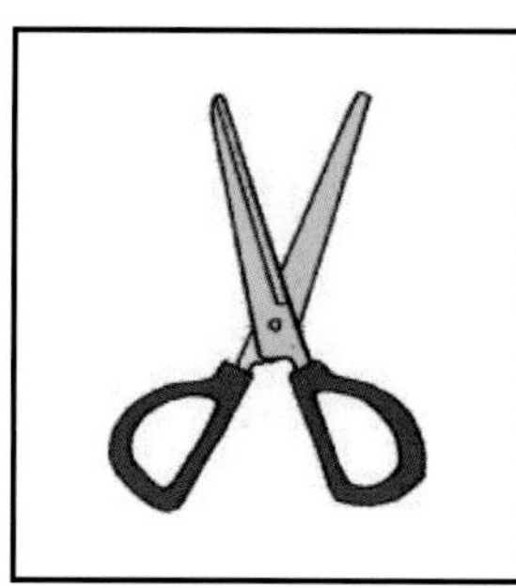

つくえ	はさみ	いす	のり
つ	は	い	の
く	さ	す	り
え	み	い	の
		す	り

名称を書くワークシート 4

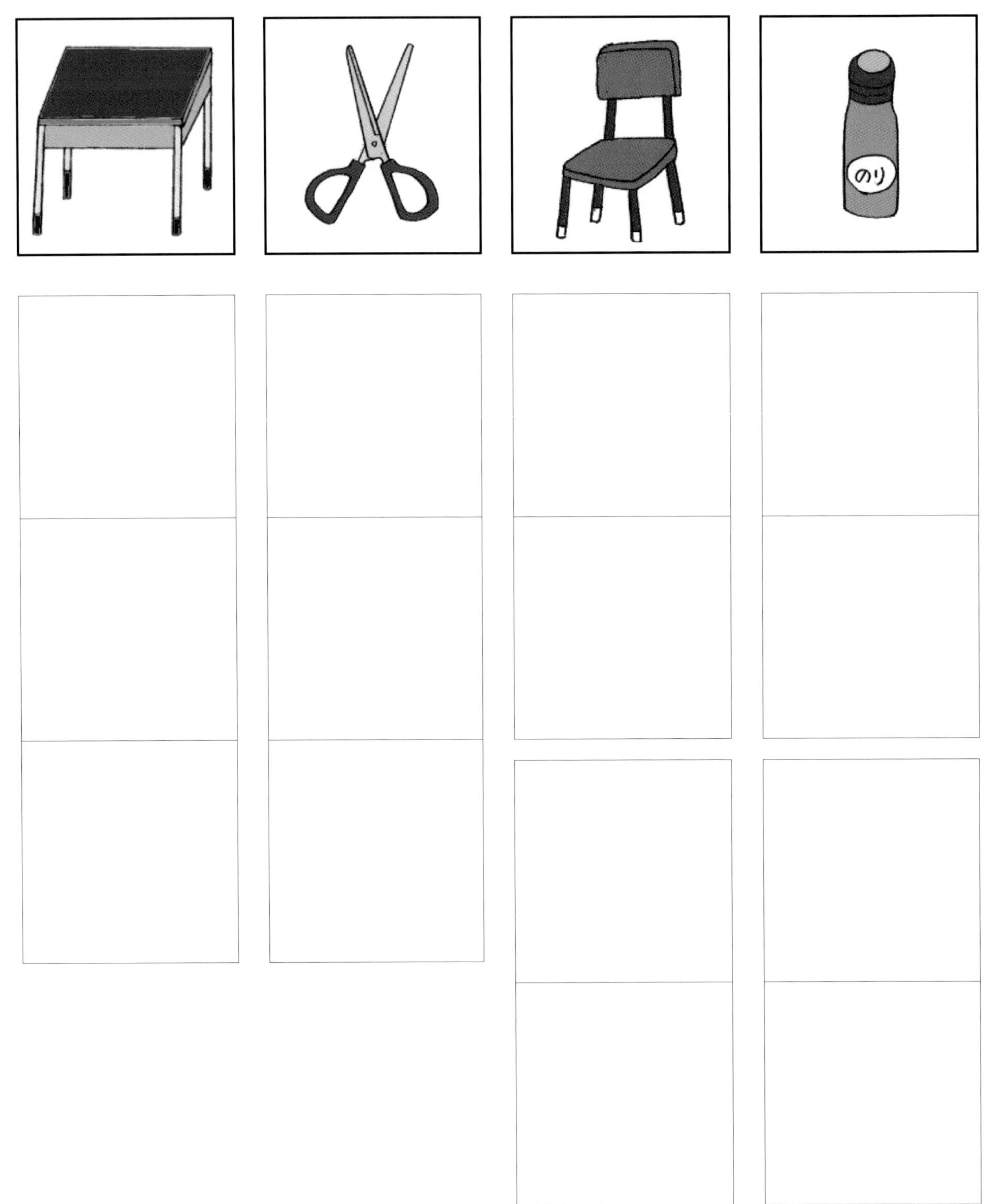

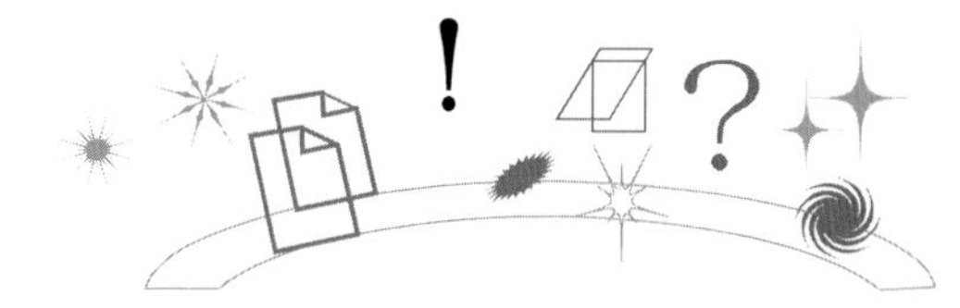

ばなな

りんご

いちご

絵カード 7 (1)

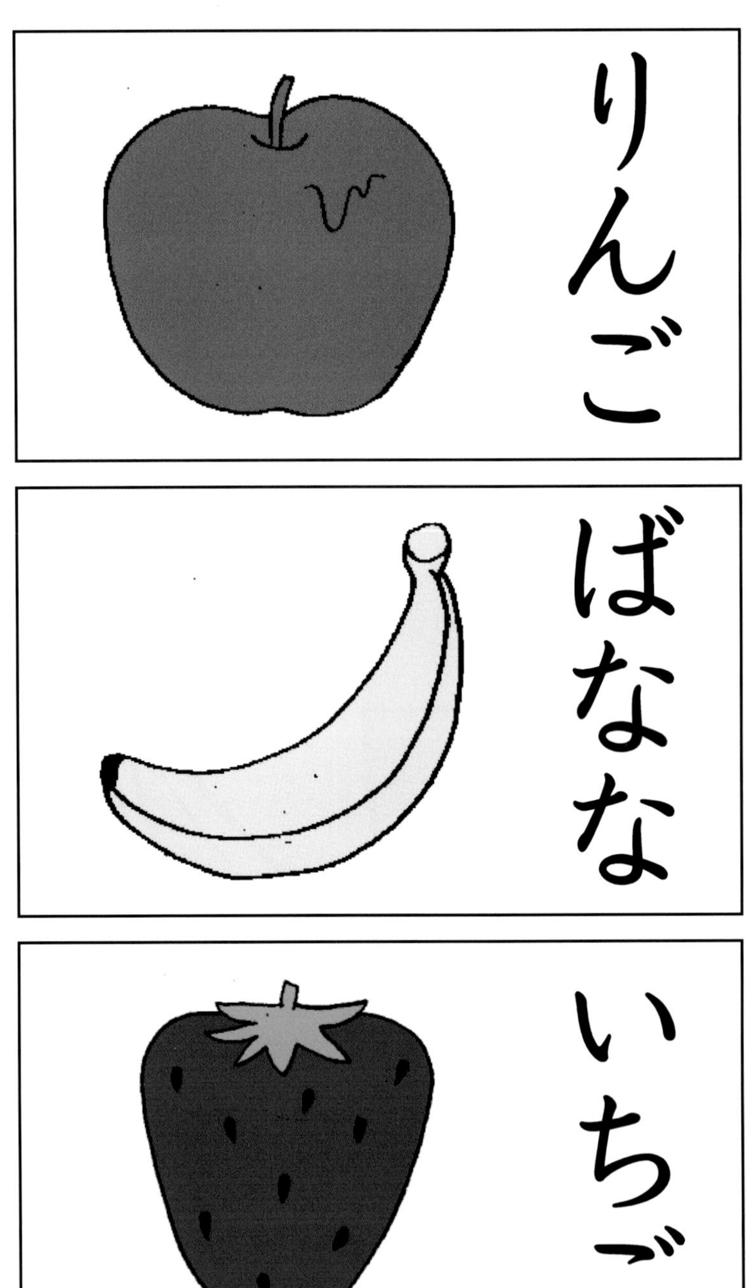

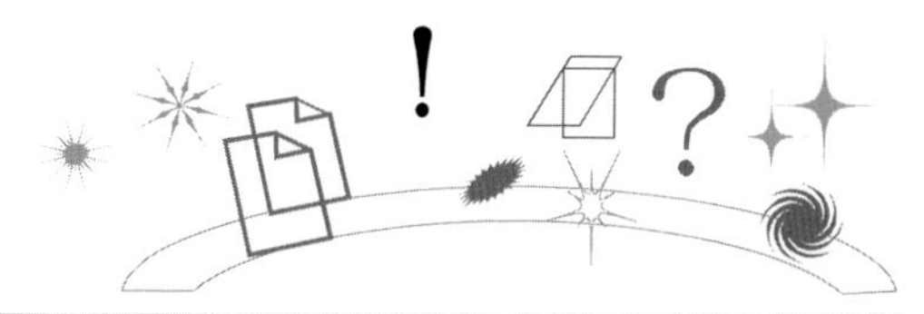

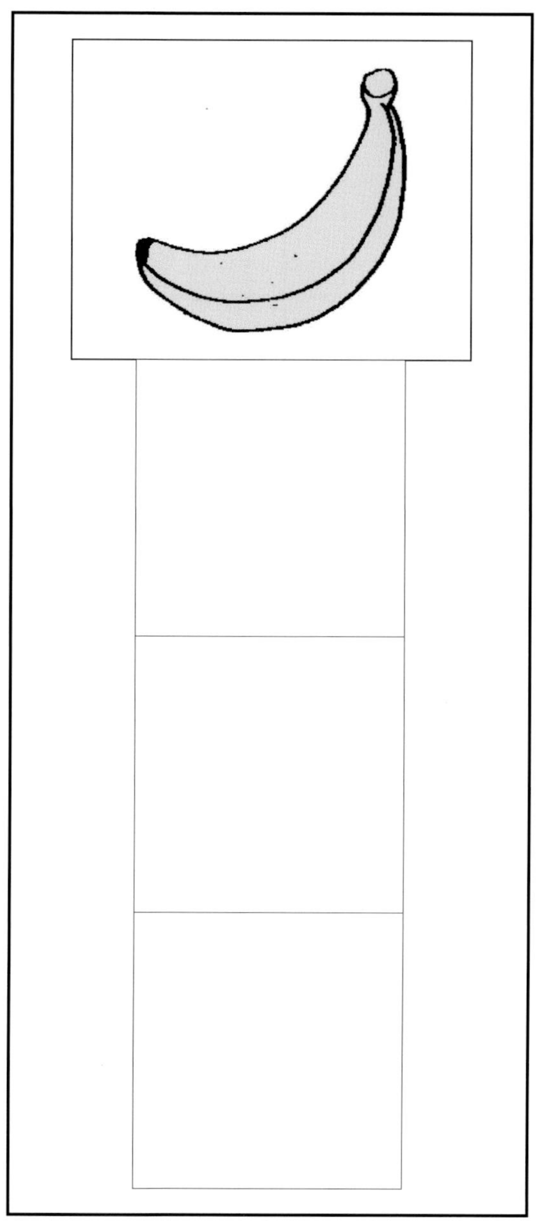

音節カード 7 (1)

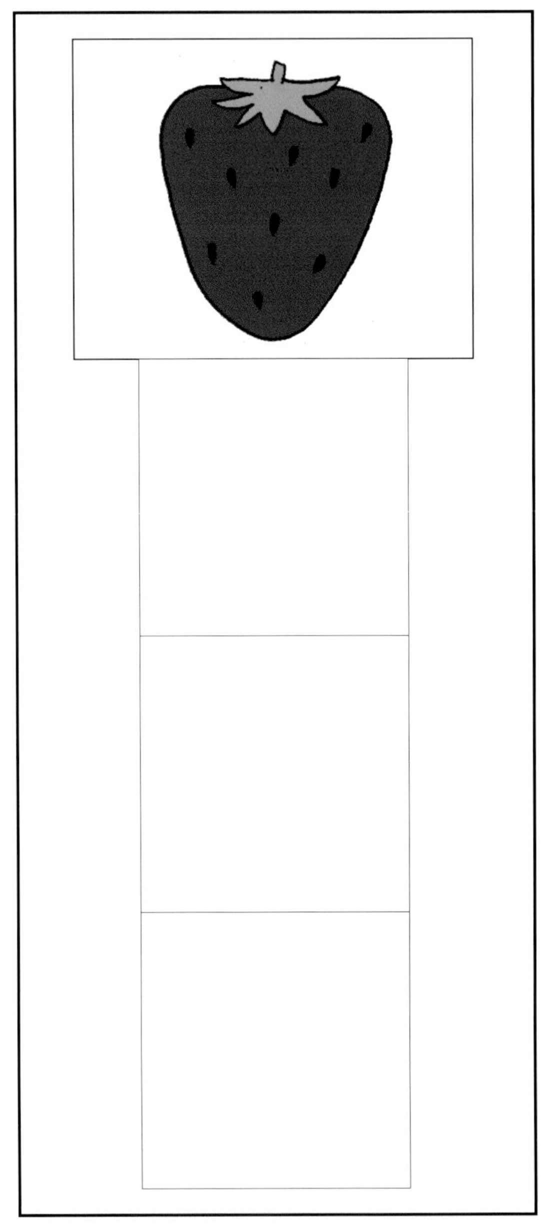

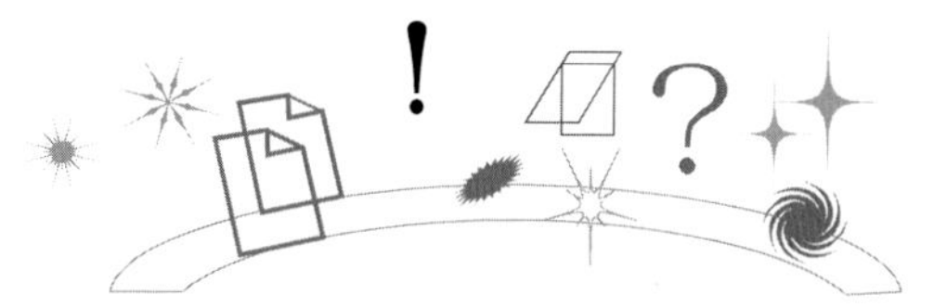

■単語カード

いちご	りんご ばなな

■文字カード

い	り
ち	ん
ご	ご
	ば
	な
	な

名称を書くワークシート7(1)

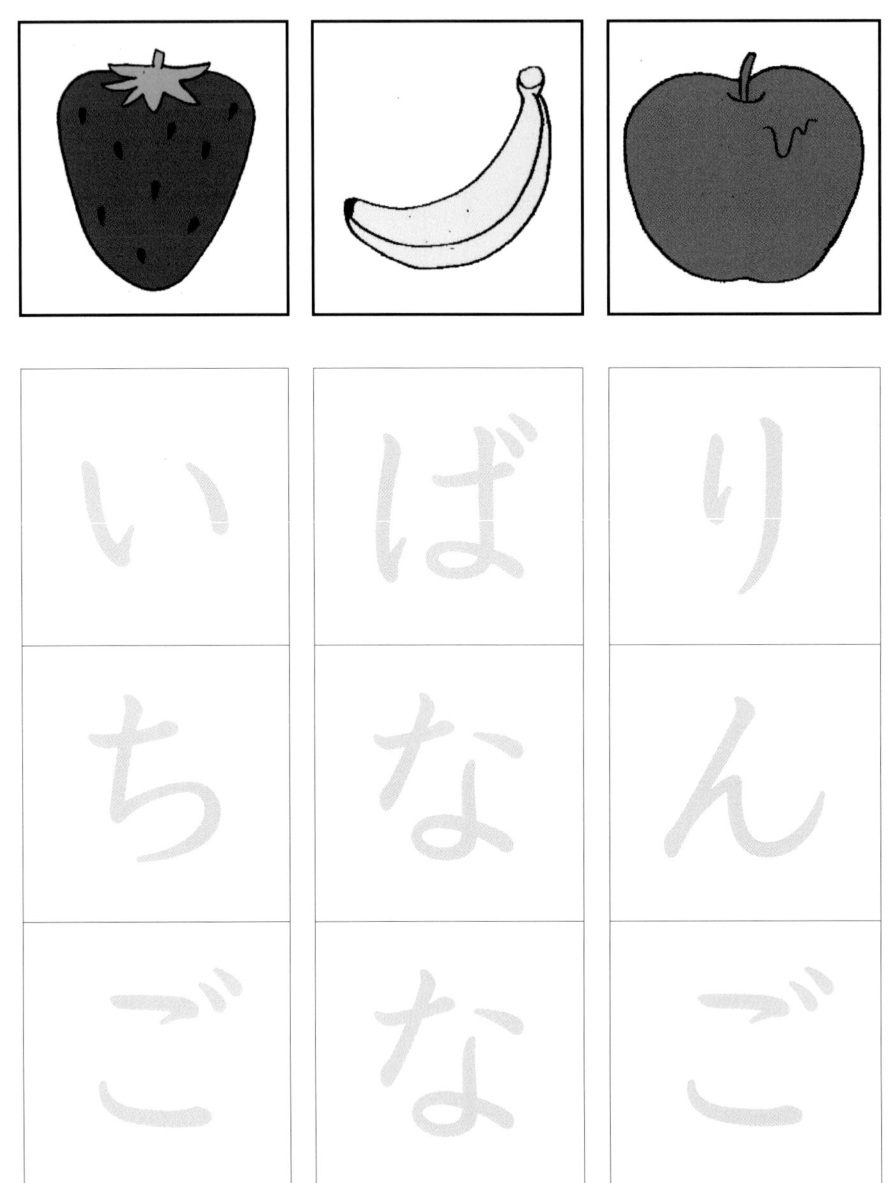

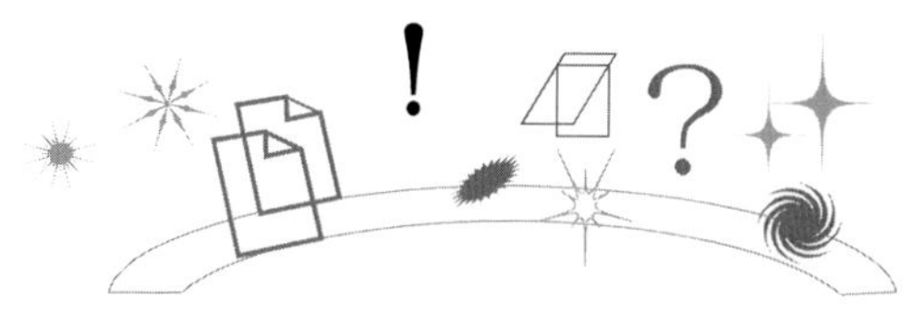

名称を書くワークシート7(1)

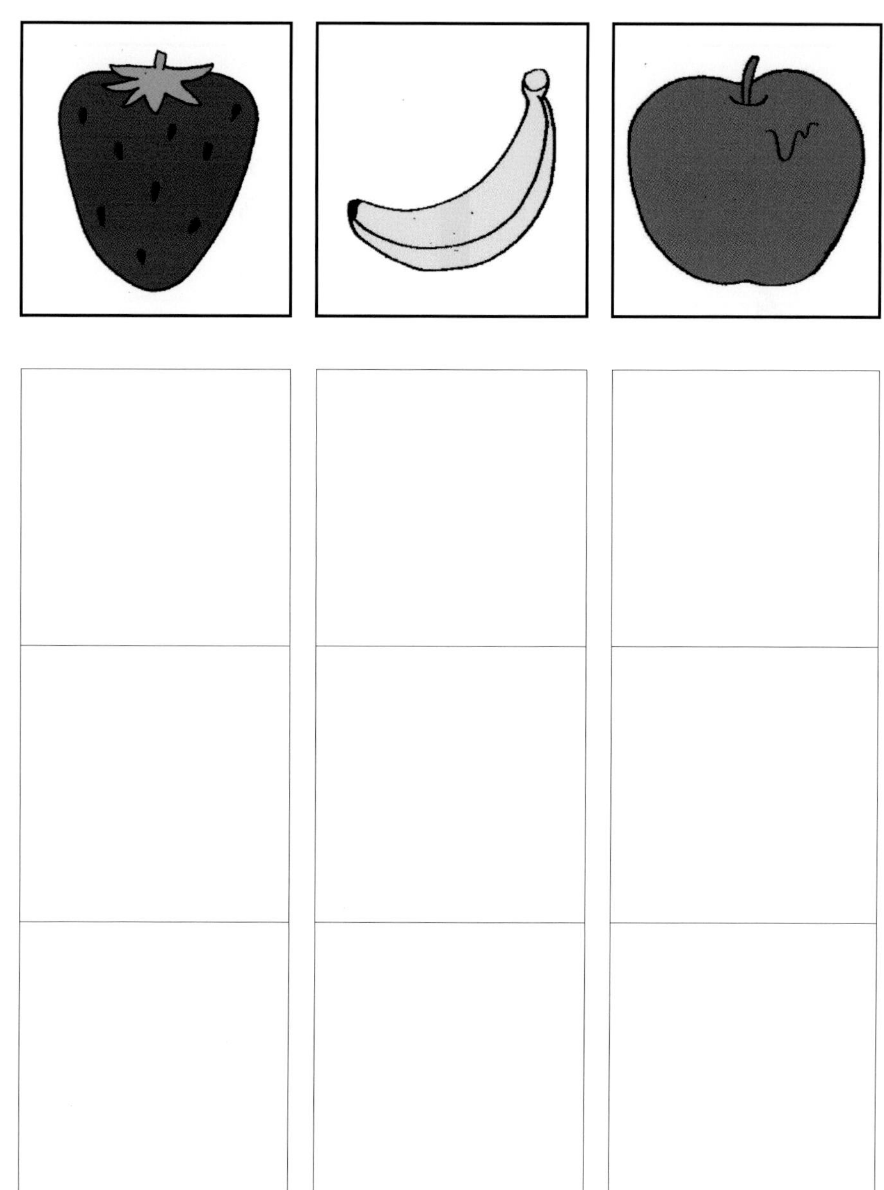

場面絵10(1)

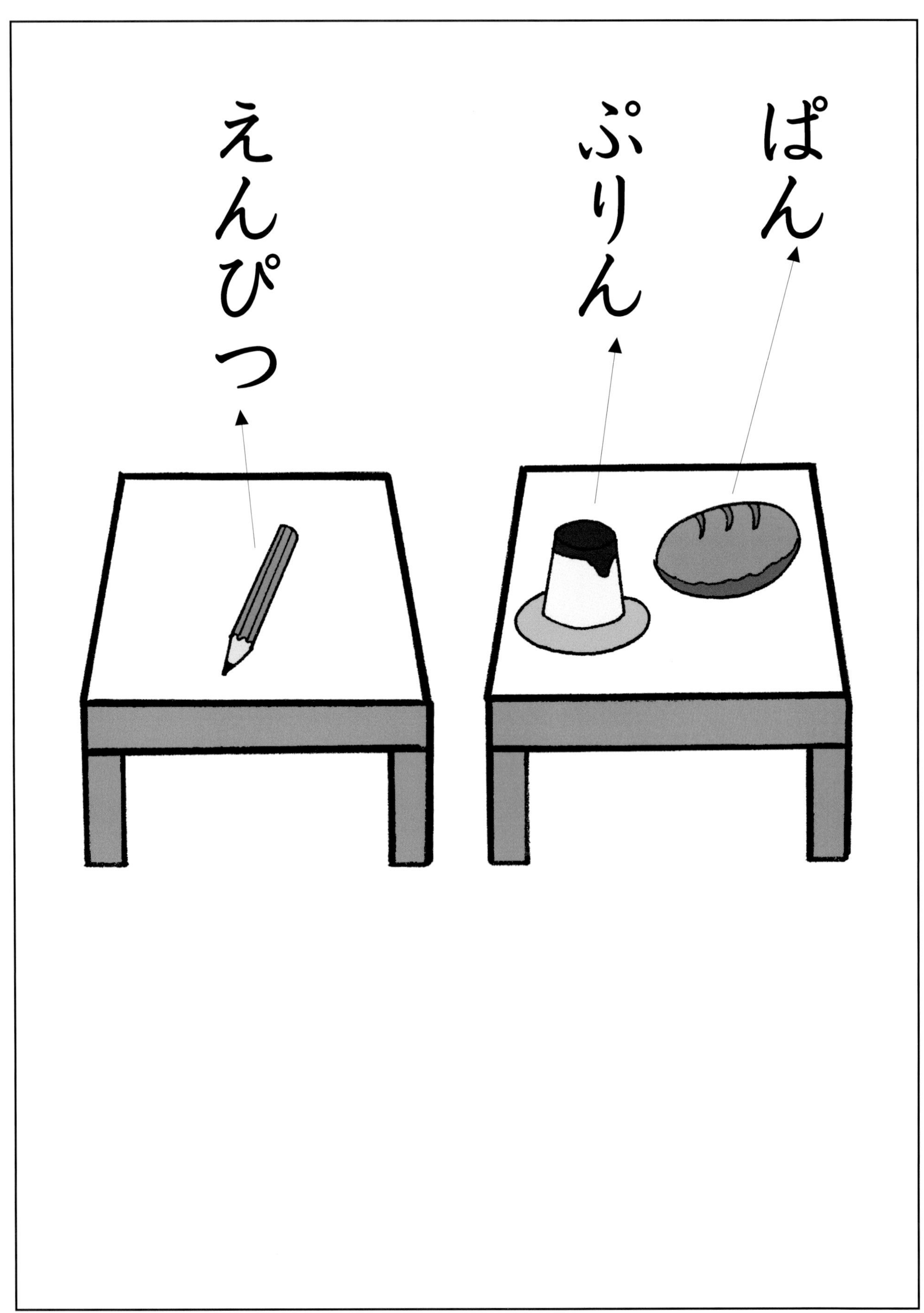

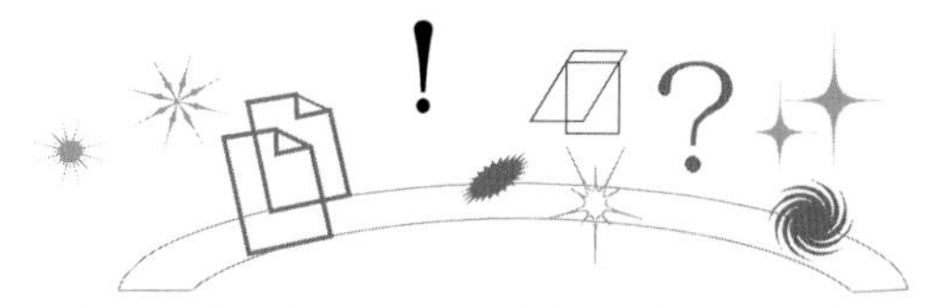
!
?

ぱん

ぷりん

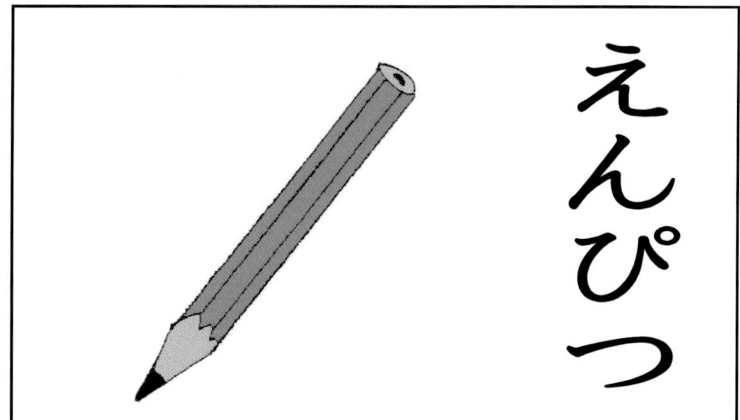
えんぴつ

音節カード10(1)

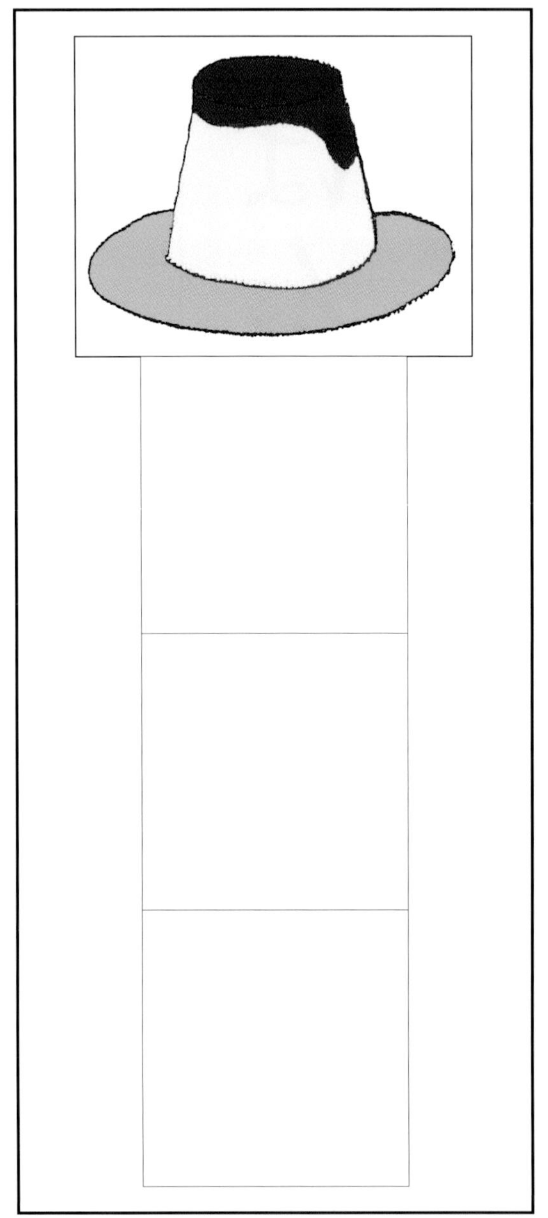

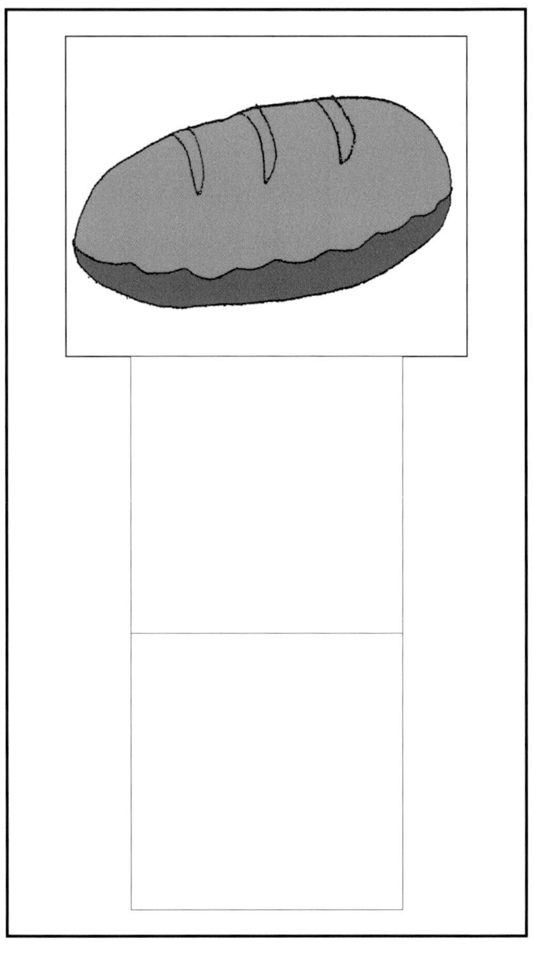

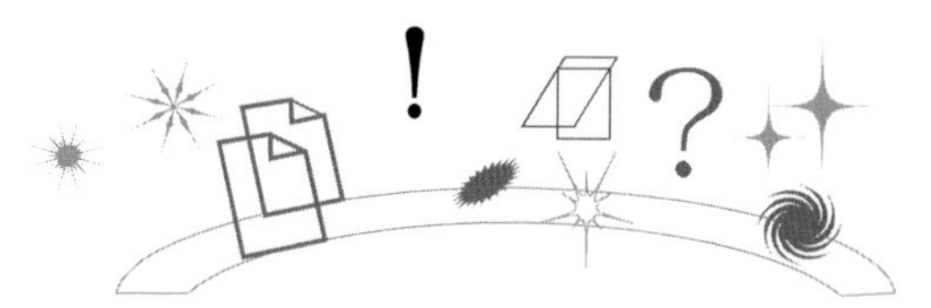

■単語カード

えんぴつ	ぱん	ぷりん

■文字カード

え	ん	ぴ	つ
ぱ	ん	ぷ	り	ん

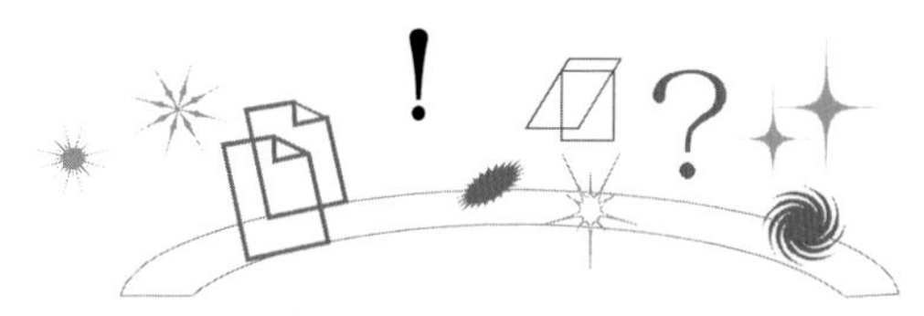

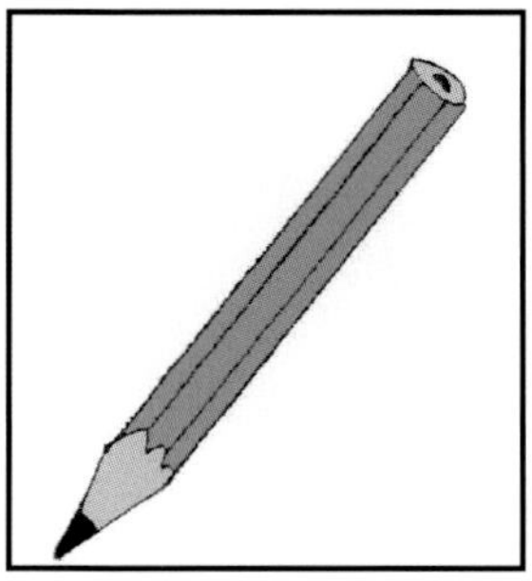

名称を書くワークシート10(1)

え	ぷ	ぱ
ん	り	ん
ぴ	ん	
つ		

名称を書くワークシート10(1)

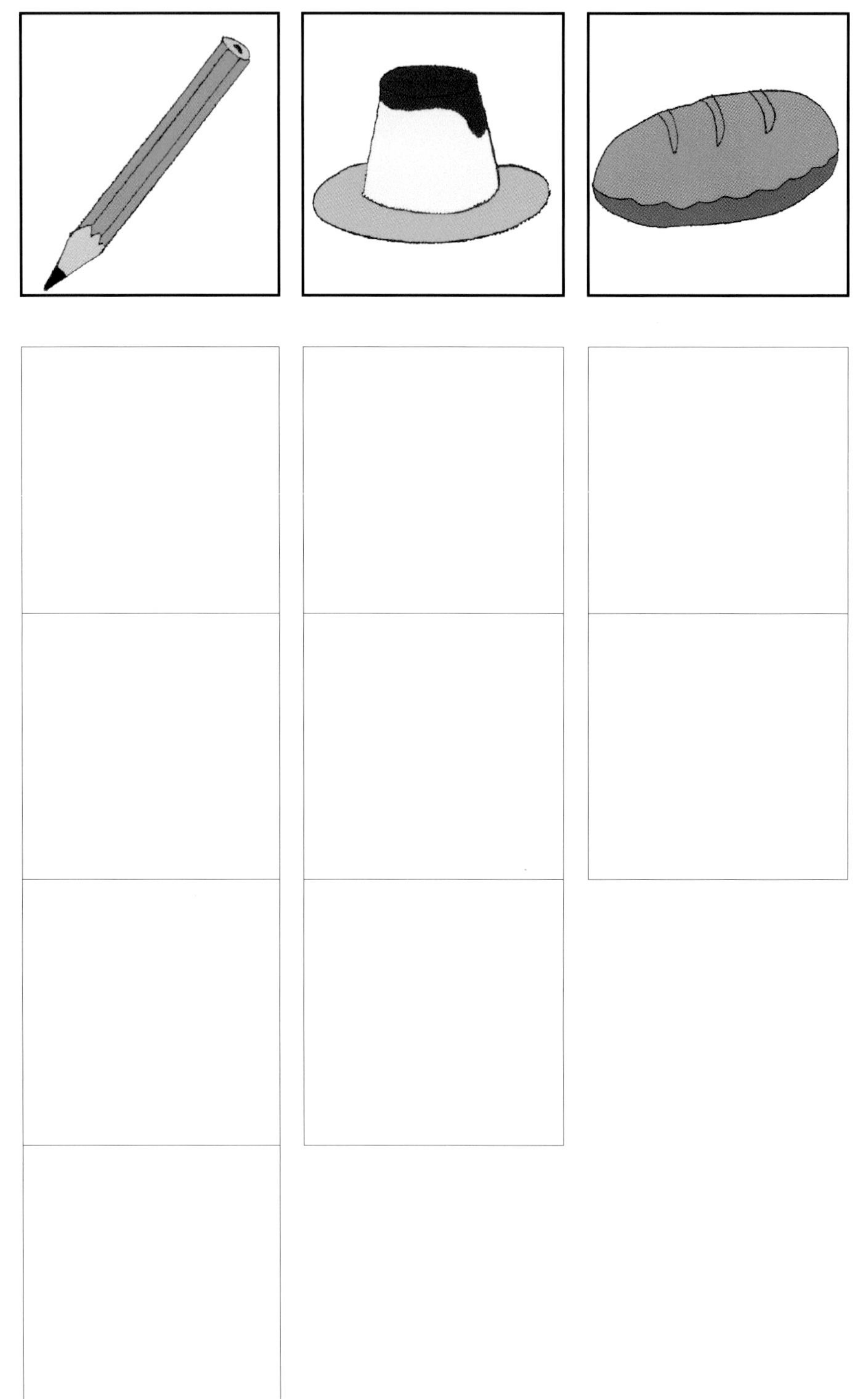

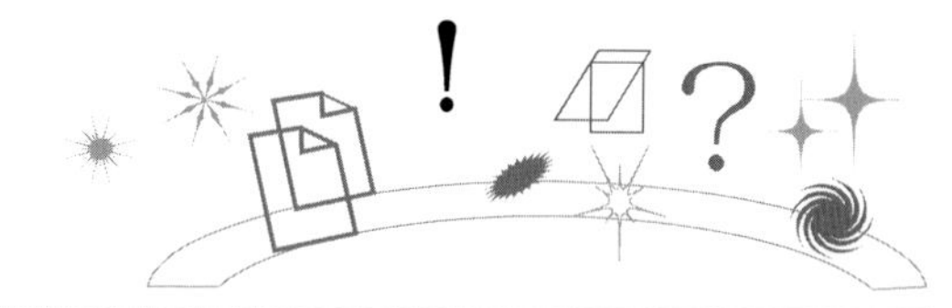

ぽっと

こっぷ

まっち

きっぷ

普通乗車券 270円
17. 3. 1
新宮 ▶ 博多
……発行

絵カード15(1)

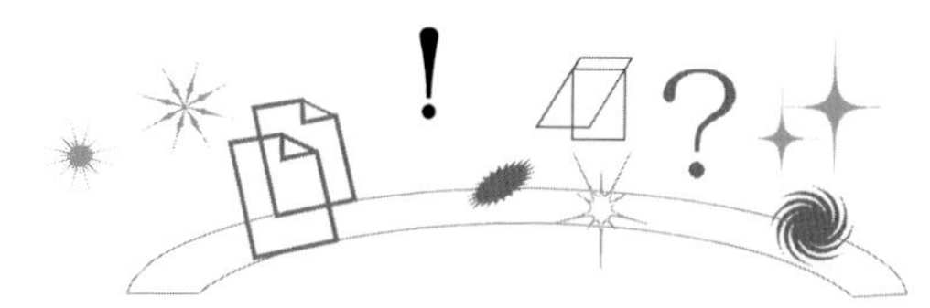

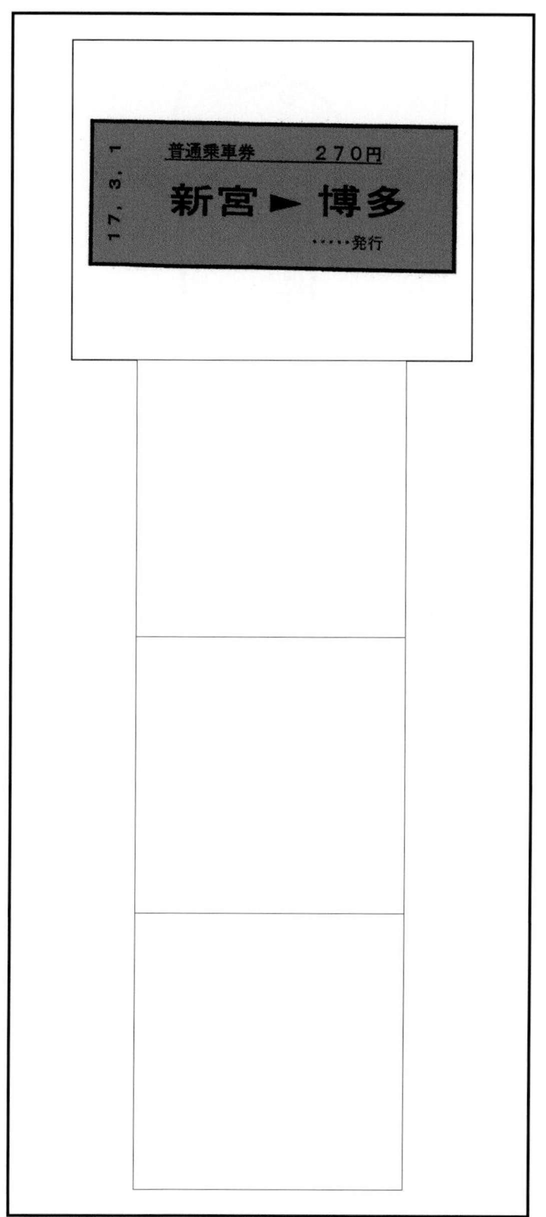
17，3，1
普通乗車券　270円
新宮 ► 博多
……発行

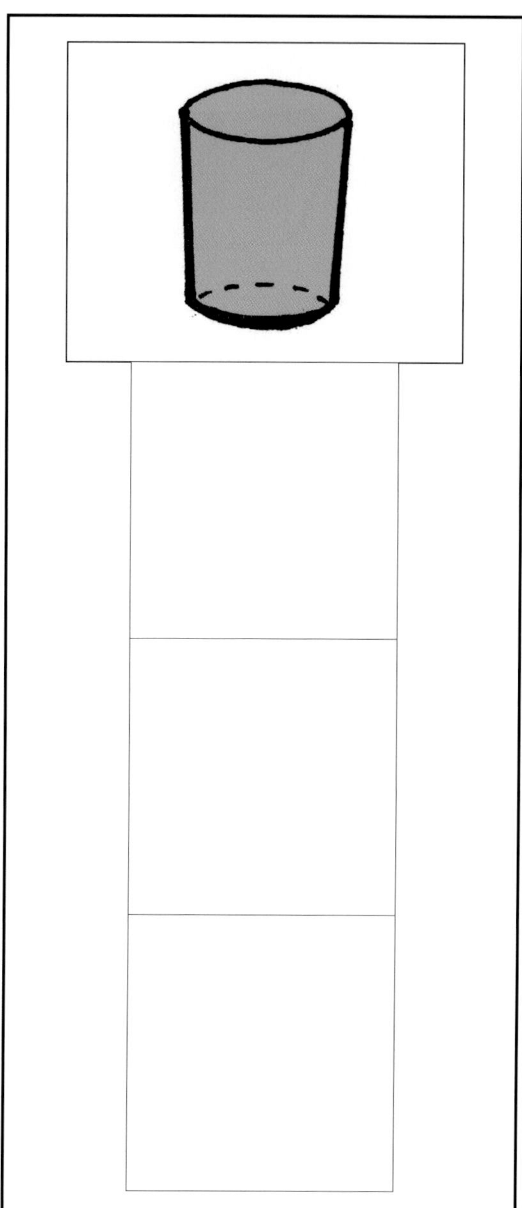

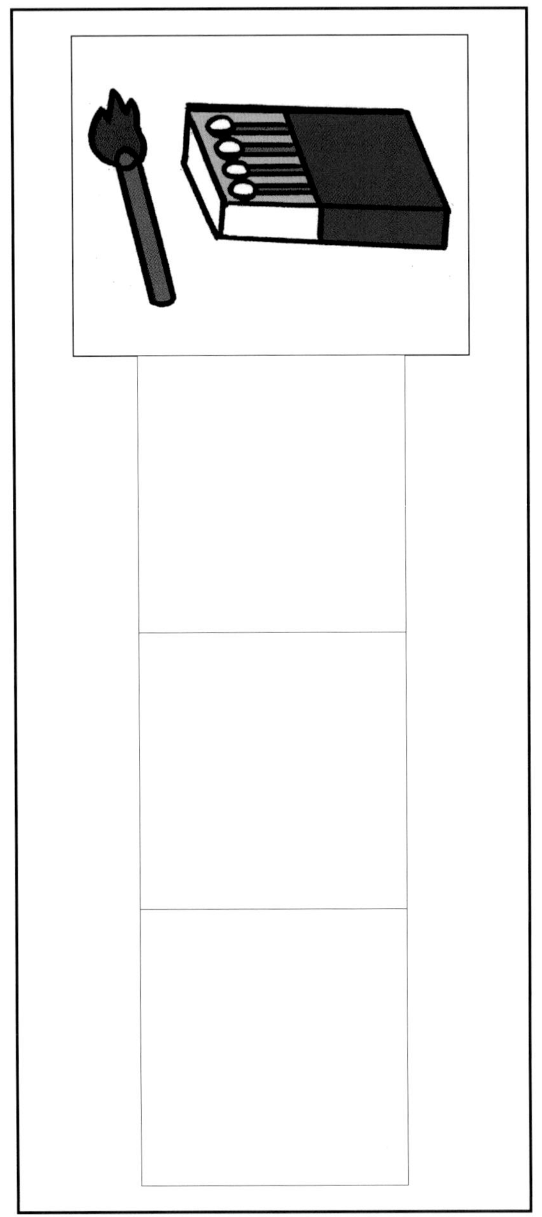

文字カード15(1)・単語カード15(1)

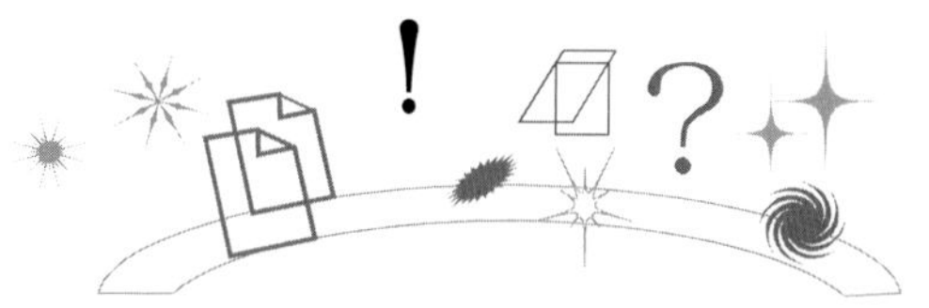

■単語カード

ぽ	こ
っ	っ
と	ぷ
ま	き
っ	っ
ち	ぷ

■文字カード

ぽ	こ
っ	っ
と	ぷ
ま	き
っ	っ
ち	ぷ

名称を書くワークシート15(1)

名称を書くワークシート15(1)

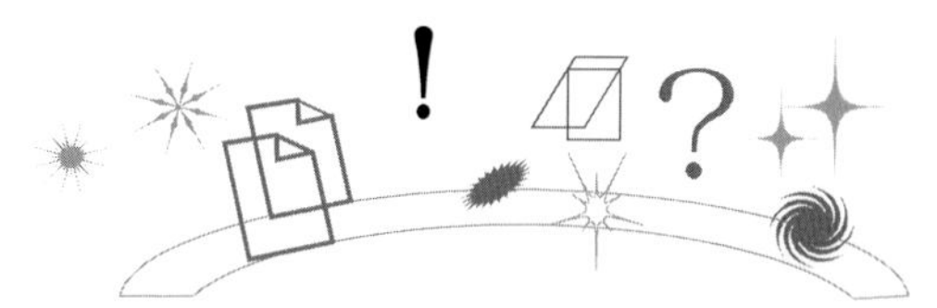

きしゃ

おちゃ

でんしゃ

ちゃわん

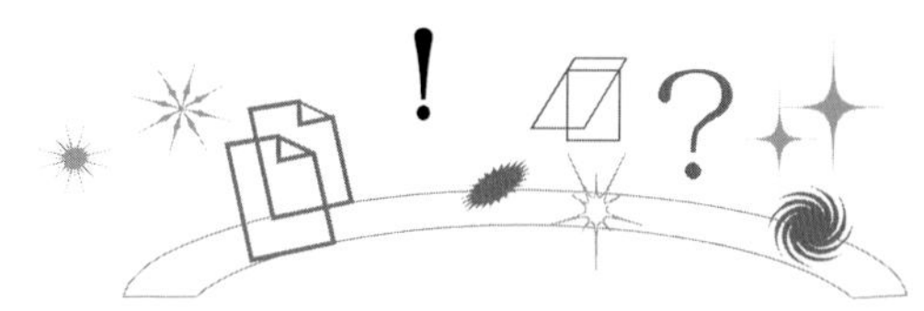

おちゃ

ちゃわん

きしゃ

でんしゃ

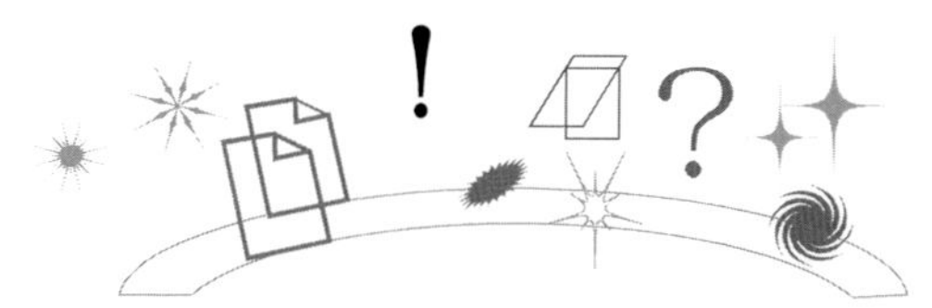

文字カード16(1)・単語カード16(1)

■単語カード

おちゃ

ちゃわん

■文字カード

お
ち
ゃ

ち
ゃ
わ
ん

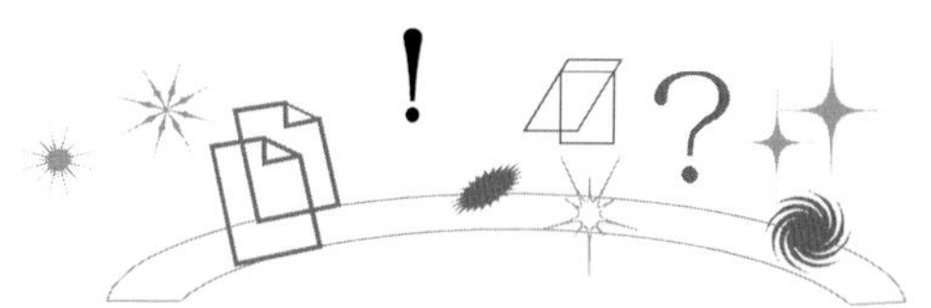

■単語カード

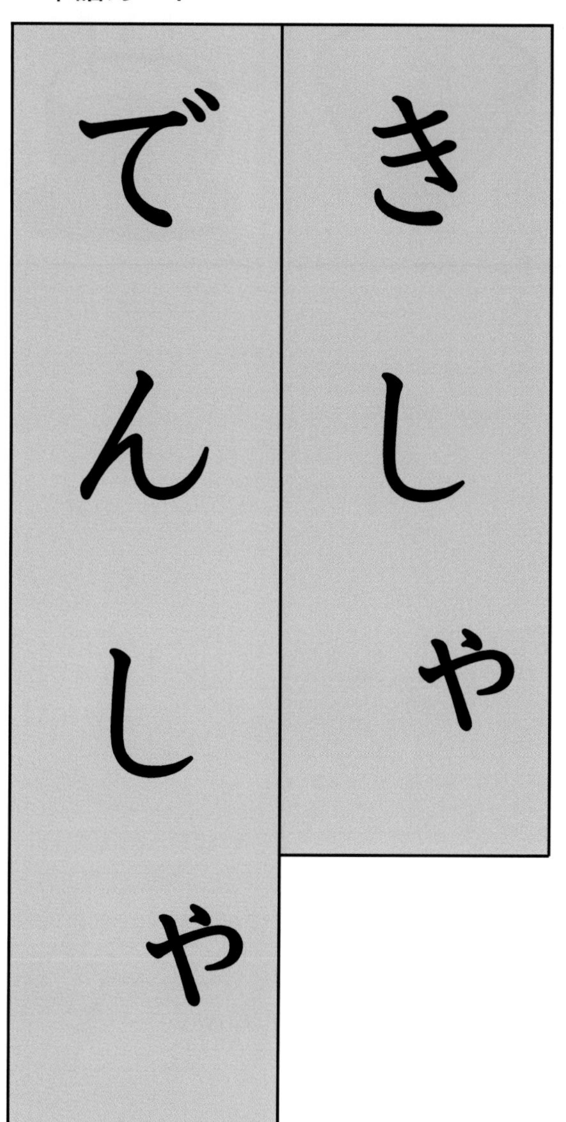

■文字カード

で	き
ん	し
し	ゃ
ゃ	

名称を書くワークシート16(1)

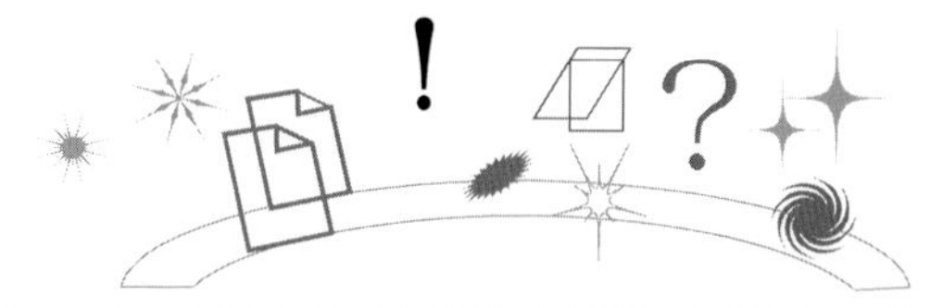

名称を書くワークシート16(1)

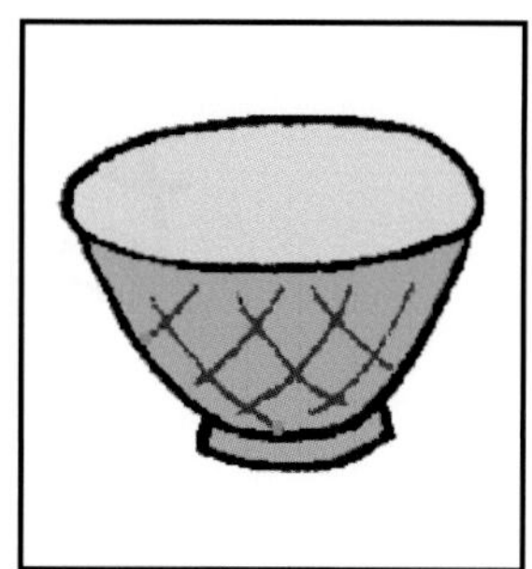

場面絵17

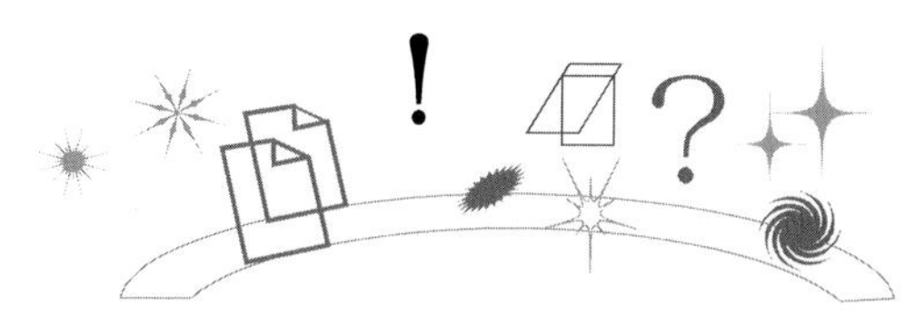

ちゅうしゃ

MILK
牛乳
ぎゅうにゅう

ちょうちょう

音節カード17

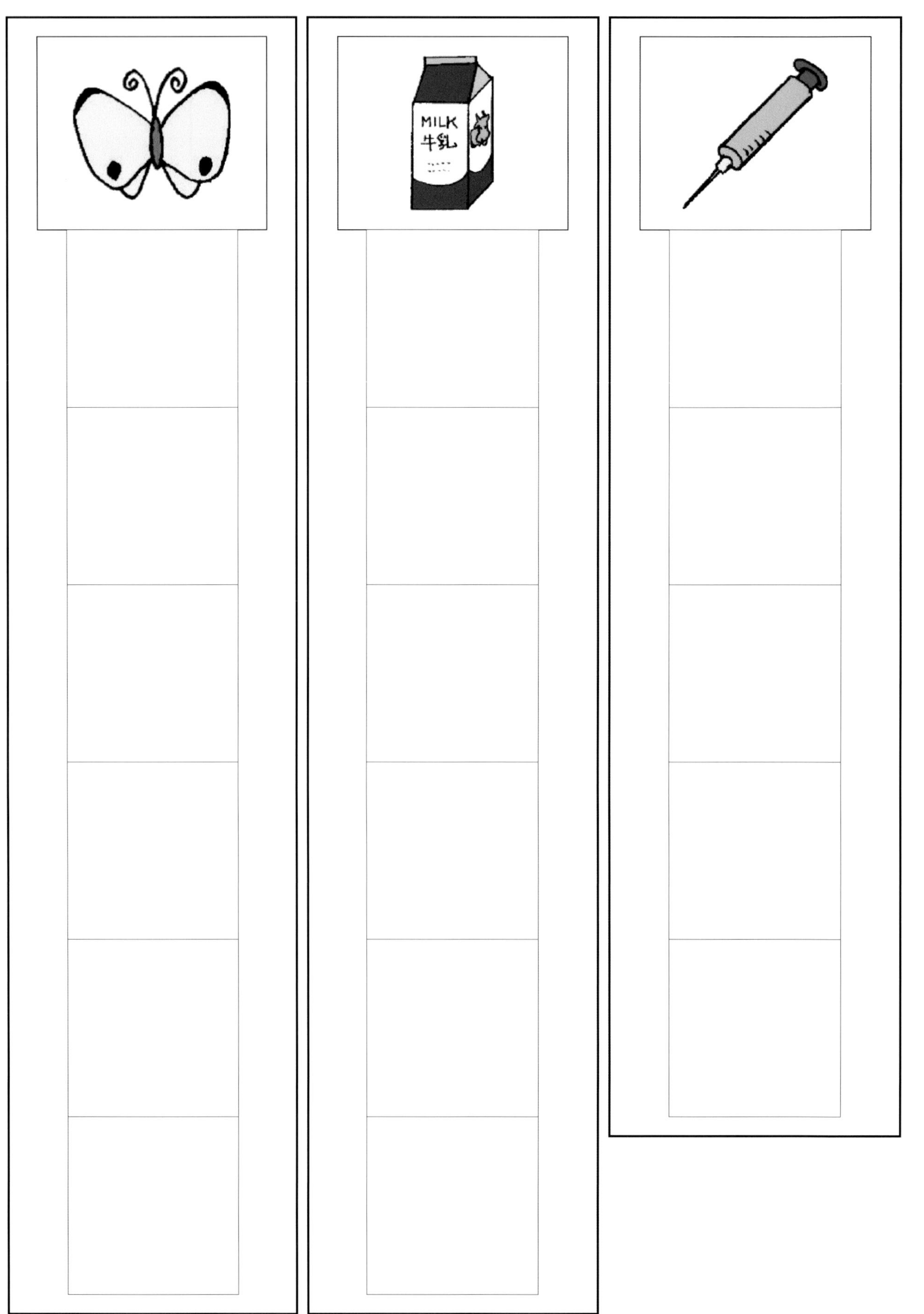

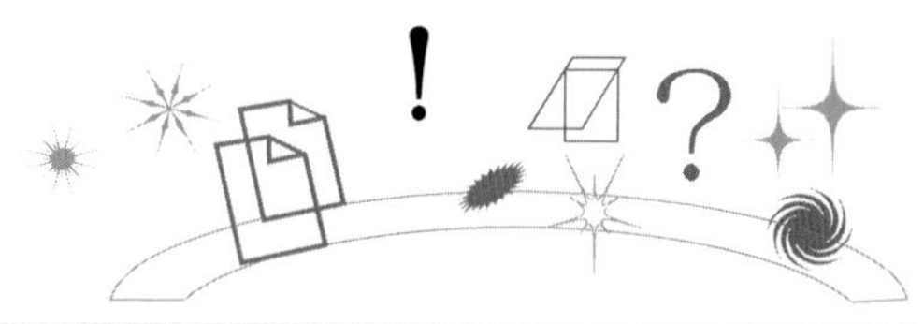

文字カード17・単語カード17

■単語カード

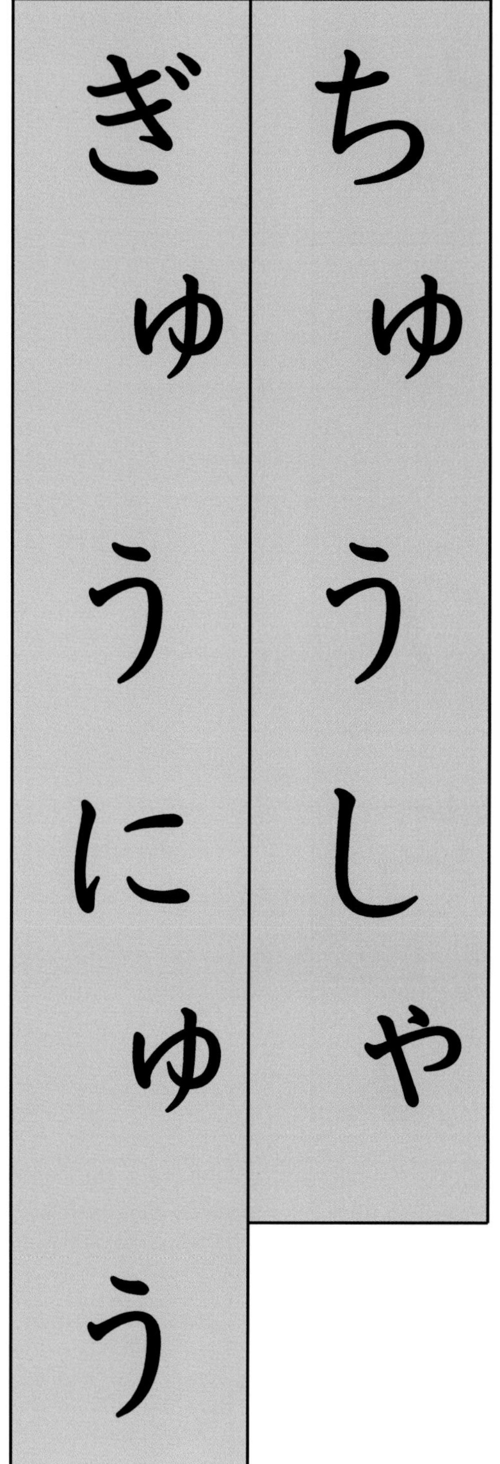

■文字カード

ぎ
ゆ
う
に
ゆ
う

ち
ゆ
う
し
や

■単語カード

ちょうちょう

■文字カード

ち
ょ
う
ち
ょ
う

名称を書くワークシート17

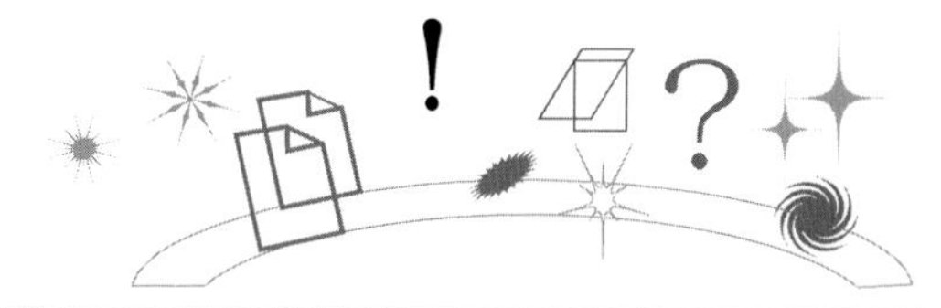

ちょうちょう	ぎゅうにゅう	ちゅうしゃ
ち	ぎ	ち
ょ	ゅ	ゅ
う	う	う
ち	に	し
ょ	ゅ	ゃ
う	う	

名称を書くワークシート17

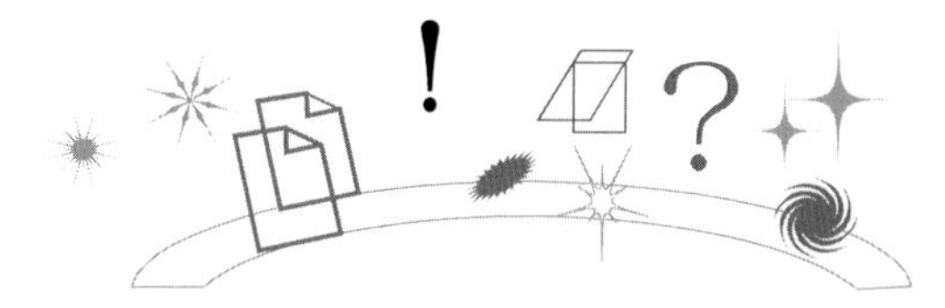

おとうさん

おかあさん

おじいさん

おばあさん

おとうさん

おかあさん

おじいさん

おばあさん

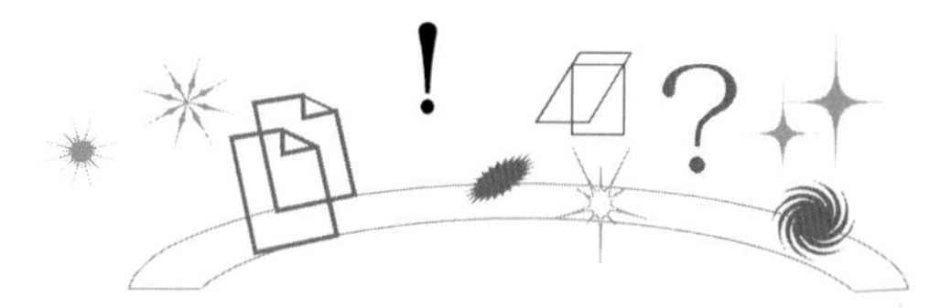

音節カード19(1)

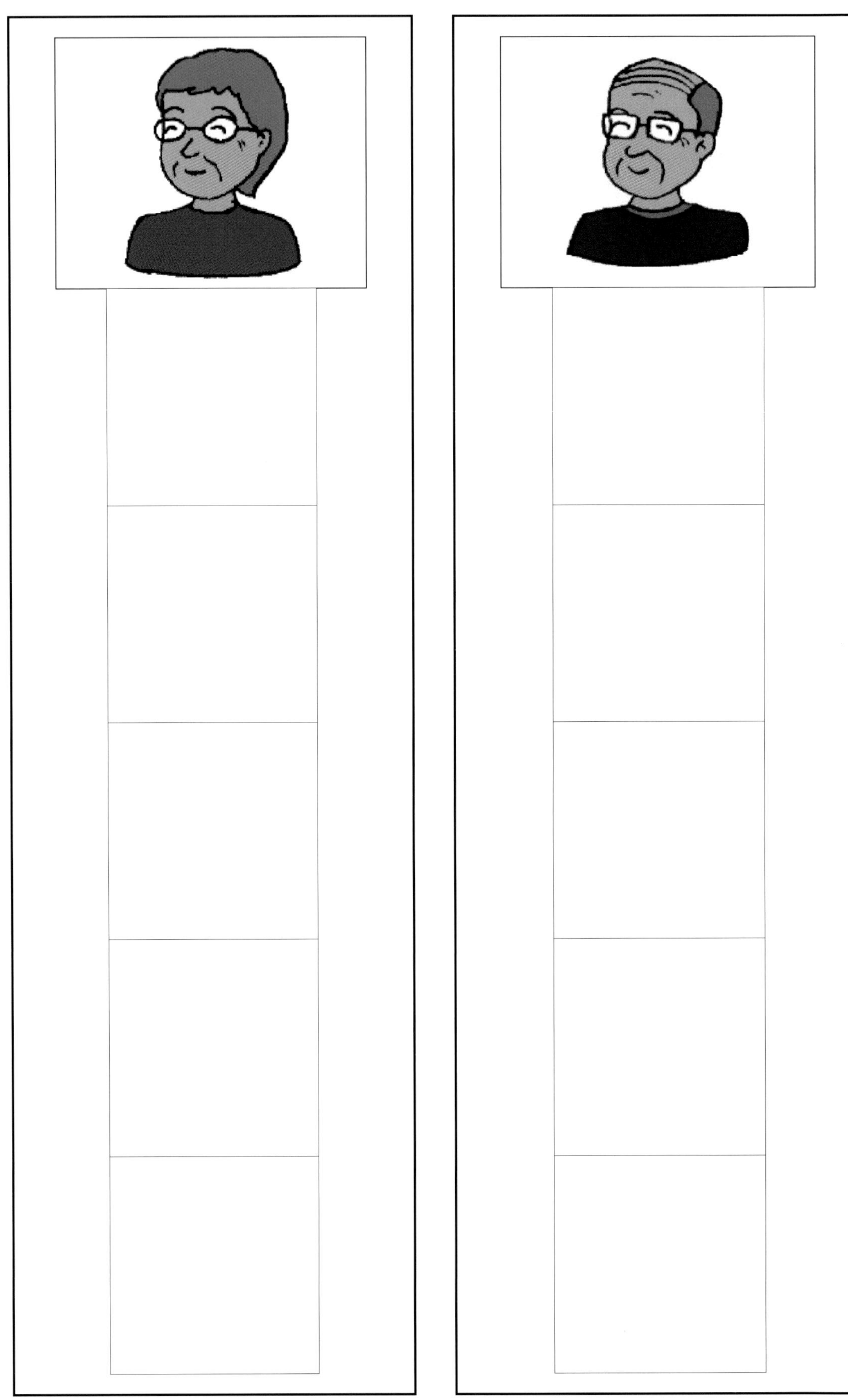

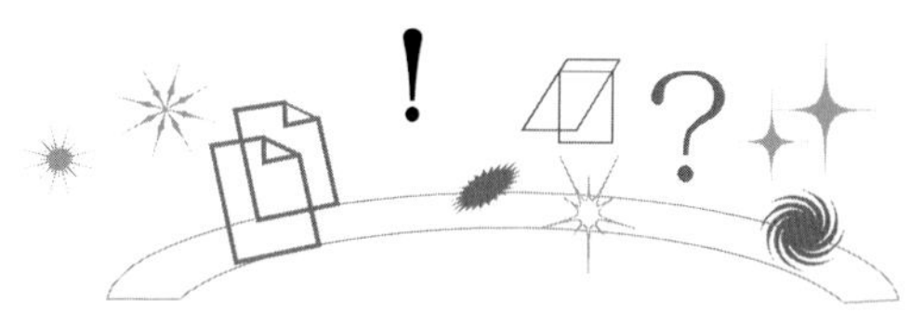

■単語カード

おかあさん	おとうさん

■文字カード

お	お
か	と
あ	う
さ	さ
ん	ん

文字カード19(1)・単語カード19(1)

■単語カード

おじいさん

おばあさん

■文字カード

お

じ

い

さ

ん

お

ば

あ

さ

ん

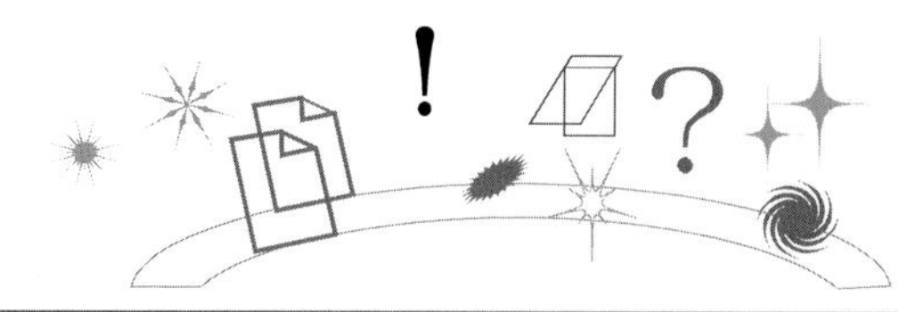

名称を書くワークシート19(1)

お	お	お	お
ば	じ	か	と
あ	い	あ	う
さ	さ	さ	さ
ん	ん	ん	ん

名称を書くワークシート19(1)

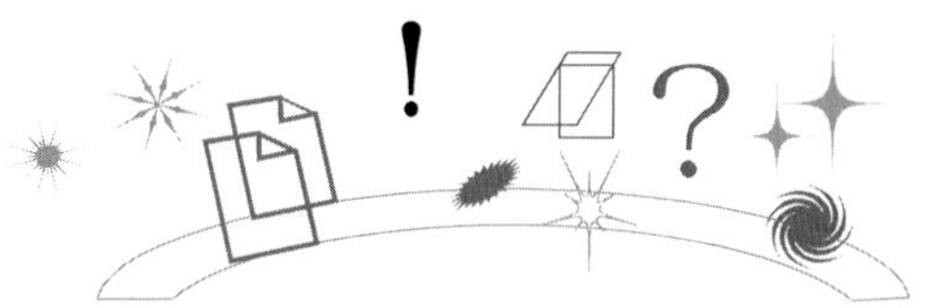

著作　福岡特別支援教育研究会

代　　　表　江　藤　モモヨ

事務局（編集代表）　肥　後　弘　美

編集委員　平成18年4月現在

江　藤　モモヨ（福岡市立北崎小学校校長）

肥　後　弘　美（福岡市立原北小学校教諭）

大　村　玲　子（福岡市立吉塚小学校教諭）

横　田　京　子（福岡市立壱岐東小学校教諭）

渡　部　祐　子（福岡市立舞松原小学校教諭）

■イラスト　大　村　玲　子

あとがき

本研究会は、知的障害特殊学級の担任を中心とした任意の研究会です。私たちは、毎月（必要に応じて毎週）の例会で障害のある子ども一人一人が、生活力を身に付けていくためにはどうしたらいいのかについて実践を持ち寄り検討し、授業で検証しています。

実践はささやかなものですが、子どもが目を輝かせて自分から学習に取り組む姿に励まされて試行錯誤をしながら教材開発や授業研究に取り組んできました。

近年、特別支援教育の大切さが浸透するにつれて、障害のある子どもへの支援の仕方についての相談が多数寄せられるようになり、その度にこの研究会で取り組んできた内容や方法が生かせることを実感しております。

この度ジアース教育新社のご理解ご協力により、私たちの宝物のような実践の一つであります「ことばのまなび」を出版する運びになり感謝に堪えません。

この本は、特殊学級や養護学校ばかりでなく通常学級に在籍する軽度発達障害のある子どもたちにも役立つものと期待しております。

今後も目の前にいる子どもたちの力を最大限に発揮するために研鑽を積んでいくつもりです。私たちの実践が一人でも多くの子どもたちの学びに寄り添えることができれば幸いです。

〈オンデマンド版〉

ことばのまなび

やってみたい・学びたい・成長したい 子どもたちを学びの主人公にする学習活動

2014年10月14日　初版第1刷発行
2018年2月3日　初版第3刷発行

■著　作　福岡特別支援教育研究会
代表　江　藤　モモヨ

＜事務局＞　〒819－0021 福岡市西区大町団地5棟103号
Tel・Fax 092－881－9052

■発行所　株式会社　ジアース 教育新社
■発行人　加藤　勝博
〒101－0054 東京都千代田区神田錦町1－23宗保第2ビル5階
Tel 03－5282－7183　Fax 03－5282－7892
E-mail　info@kyoikushinsha.co.jp
URL　http://www.kyoikushinsha.co.jp/

■カバーデザイン：エド・グラフィック・デザイン
■イ　ラ　ス　ト：大村　玲子
ISBN978－4－86371－283－6　C3037